台灣近未來

黃文雄〔著〕　　陳悅文〔整理〕

前衛出版
AVANGUARD

前言

　　世事森羅萬象，有不變的，也有常變的。

　　例如日本的天皇制度，自神話時代至今，萬世一系，未見變動；而中國農民自原始時代以來，日出而作，日入而息，過著貧窮落後的原始生活，不因農民革命或改革開放而能克服九重苦。

　　中國歷代王朝的「真命天子」，雖然自稱受命於天，但無不希望家天下而萬世一系。可是天不從人願，還是一治一亂，易姓革命周而復始，每朝每代總是盛極而衰，好景不常。

　　邁入日新月異的現代，要預想下一代或50年後、百年後的台灣，有如日本俗語所說：卜對也是八卦，卜不對也是八卦。世事難以預測，誠是事實，但要預測5年、10年後的台灣近未來，並非絕不可能。

　　到底要如何來看台灣的未來？特別是數年後的近未來。當然不能只從台灣內部的變化、或台中、台美關係的變化來看，而必須從整個世界的變化，

甚至得從宏觀的視野來俯覽台灣，否則將無法展望台灣近未來的遠景。

台灣位於東亞大陸第一島鏈的南北樞紐，經濟、軍事上雖非小國，可是西有強鄰，獨立主權國家的地位在國際上又未被普遍認知，而現在又是美國獨霸的時代，台灣在地理政治學上，被稱為可以匹敵20艘航空母艦，具重要而特殊的地位，因此成為左右美中關係或21世紀世界局勢的關鍵。

要預知台灣的近未來，環繞台灣的國際力學環境是絕對不可忽視的。特別是台、美、中的三角力學關係變化，將左右並決定台灣未來的走向。

所以本書的重點放在台、美、中的歷史、經濟、軍事的條件變化，對台灣的近未來作嚴密的分析及大膽的預測。

本書的目的，最主要是想提供讀者更客觀地觀察或思考台灣的未來，不受毫無根據的言論所支黜。

現今圍繞著台灣的國際環境變化或走向，到底對台灣近未來的生存條件有多大的影響，台灣對國際環境的變化影響又有多大，本書將提供一個客觀的分析方法或預知的參考。

台灣有不變的，也有常變的。若按照一般的常

識來講，文化：特別是食、衣、住、行、習俗、宗教、語言、民族性等等，是比較不易變動的。可是戰後這60年來，台灣還是在加速度的變化中，例如日語世代的阿公和華語世代的金孫，僅隔一代，就連語言也不通了。

　　在這一個從不動、微動、到加速度激動的內外環境與生存條件的變化中，奢談百年大計可能近乎幻想。可是至少在近未來的台灣，我認為是可以預知的。只要著眼及觀點正確，不受沒有根據的流言蜚語所煽動，對未來的觀測就不會乖離太遠。本書所提供的數據，可以自行加上在日常生活中所得到的新數據，再隨著時間的變化作適當的修正。至於對台灣近未來的大膽預測，是經過了嚴密的分析而推演的。謹此提供觀察台灣近未來的他山之石。

目次

第一章
左右台灣未來三大變數

要預知台灣的未來，並不容易，因為國內外情勢不斷在變動，台灣也無法一直「以不變應萬變」。

台灣在21世紀的生存條件，有不變的，也有隨著時代潮流經常變動的。有關台灣的生存條件，在1990年代拙著『台灣‧國家的條件』（前衛出版）中，曾經明確地提過，至今，這一想法與看法還是沒有改變。

至於台灣的未來走向如何，是關心台灣人士一直關注的焦點。但即使是預言家，也說不準數十年後、數百年後的台灣。這裡暫且不談這一方面的問題。但有關台灣不遠的近未來，在一般的常識之下，還是可以推測或演算的。

日本在明治開國維新之初，正是萬國對峙、列

強抬頭的時代。日本、德國、義大利都是進入當時列強行列的後進國。當時統一德國（普魯士）的「鐵血宰相」俾斯麥曾經提醒前來訪問的明治維新志士：「國力可以決定國家走向。國際法・萬國公法是無力的。」

明治開國維新之後，關於國策國是，曾經有過許多爭論，當初還有「大國之議」和「小國之議」之爭。經過了日清（甲午）與日露（日俄）戰爭，日本終於晉昇為列強。這是在列強時代生存的條件，也是日本唯一的選擇。

這一世紀以來，從列強時代、東西冷戰，到美國獨霸世界，國際力學隨著時代在變化，當然台灣也在這一世紀中，隨著內外環境，時刻在變化。

到底左右台灣命運的因素是什麼？除了精神的、物質的，也包括政治、軍事或經濟、文化的要素，不勝枚舉。如果單就國際力學來看台灣的未來，不僅只美、中、歐、日的力量，其他台灣的國際盟友也當然是不可忽視的力量。

經過長久以來的思索，我認為左右台灣未來的三大變數有：美國世界戰略的變化、中國國力消長及對台灣政策的變化、台灣人保衛祖國的決心。

以下是我提出的詳細分析及大膽推測。

〈1〉美國世界戰略的變化

自大航海時代起，西歐列強的興衰，其來有自，但是都不能久遠。葡萄牙和西班牙於15世紀末先後進出海洋，以此獲得許多海外的新殖民地，並經羅馬教廷斡旋，瓜分地球。

西班牙盛世時曾與葡萄牙合邦稱霸全球。但是好景不常，從荷蘭自西班牙獨立建國之後，西荷競相爭霸海洋，17世紀初，西荷曾經分別占領台灣的淡水與安平，做為推行東亞中繼貿易的基地。西荷海洋爭霸越演越烈。荷蘭獨立伊始，各地港口排擠，禁止荷船入港。直到60年後，西班牙才不得不承認荷蘭獨立。荷蘭繼西班牙之後，以重商主義稱霸全球。而西班牙自從無敵艦隊被英國打敗以後，便一蹶不振。

英法兩國歷經產業革命與市民革命後開始抬頭，英法繼西荷爭霸全球。最後大英帝國克服了拿破崙戰爭的危機，嶄露頭角，成為日不落國。英國盛世一直到20世紀的兩次歐戰後，才漸漸被美國所取代。

歐洲人移民美國，和東亞大陸居民移民台灣大

約同一時期。這可以說是大航海時代的歷史產物。

美國從英國獨立以後，歷經英、法、墨、西等戰爭，不停西進擴張，並大力收購領土，從路易斯安納到加州、阿拉斯加，從大西洋岸到太平洋岸。

自17世紀西風東漸、西力東來以後，大都由南而北開展。可是另一股西方的勢力是俄帝的東進與南下。莫斯科大公國自脫離蒙古（韃靼人）的支配以後，便東進跨越白令海到阿拉斯加後開始南下。另外滿洲人自努爾哈赤經皇太極建立清國，越過長城征服中國後，又往西南南下。在康熙盛世時，由北南下的俄國與清國衝突，終訂下尼布楚條約，以劃定兩國國界。

中國自18世紀末的白蓮教之亂以後，開始沒落。清王朝康熙、雍正、乾隆三代盛世以來的領土擴張，自鴉片戰爭以後，受阻於西方勢力，並面臨被瓜分的危機。

另一方面，美國從東岸向西擴展到達太平洋岸後，又跨越太平洋到達東亞。因為比其他列強遲來了一步，不得不主張「門戶開放，機會均等」。1853年美國逼日本開國、1898年併吞夏威夷王國、同年在美西戰爭中取得菲律賓，但是始終未能成功占領台灣。

到了20世紀，美國扳倒德國，取代了英國；又在東西冷戰時期中，打垮了蘇聯，而獨霸全球。但是西方的冷戰雖然終結，東方的社會主義龍頭卻以「改革開放」取代了「自力更生」，來保衛「人民專制」的體制。

面臨新的世界局勢，建國二百年的美國也提出了新的戰略思考。

◆ 美國的世界新戰略

2005年2月，美國國務卿萊斯（Condoleezza Rice）、國防部長倫斯斐（Donald Henry Rumsfeld）與日本外相町村信孝、防衛廳長大野功統在華盛頓舉行雙邊會議。會後舉行記者會，並且發表了聯合聲明，也就是所謂的「2＋2美日共同聲明」。這次的美日共同聲明，除了強調美日同盟之外，還可以看出美國對中國的最新戰略：要求和平解決台灣問題、敦促中國軍事透明化、圍堵中國的軍事擴張、將中國經濟編入世界經濟中，並且促使中國實現政治民主化。

有關美日安保內容所涵蓋的區域與範圍，不僅日本，還包括朝鮮半島、台灣和北太平洋地區，以及防堵國際恐怖份子、限制大量殺傷性武器。

有關國際恐怖份子及大量殺傷性武器，兩國同

意與美澳同盟、東協諸國共同協力應對。針對北朝鮮，則由美日同盟與美韓同盟，加上中國與俄羅斯，利用國際社會在政治—外交—經濟的手段來迫使北朝鮮軟化，並且阻止其發展核武。

美國國防部在2003年11月21日發表的「2003年國防報告」中，說明了21世紀美國反恐戰爭的戰略主軸，及其軍備與部署。

美國的國防戰略除了圍堵在世界重要地區的威脅、迅速解決各地大小規模的紛爭與戰爭，及克服恐怖份子帶來的危險。內容可以說是包羅萬象。其中美國最優先的工作事項為：撲滅恐怖份子，防止大量殺傷性武器的擴散，以及美國國土的安全保障。

戰略的最大關鍵是「應變能力」。也就是說，美軍部隊的編成，以柔性、機敏、輕量為重點。萬一有狀況時，能在最短時間內於廣域展開部署，不論世界何時何地發生了狀況，美軍部隊都能在2個小時之內迅速抵達，並具備先發制人的攻擊能力。

國防戰略中，以美軍同時具備應付兩個大規模戰爭、迅速打垮入侵者，並且依照美國總統的指示占領，或改變體制的戰力為目標。

至於可能會發生大規模戰爭的地區，則是北非

到北朝鮮之間的區域。其中又以中東、朝鮮半島，及台灣為重點。

的確，美軍內部也擔心若要維持同時打贏兩個戰爭的軍力，將影響到對抗恐怖份子及本土防衛的能力。

問題是，如果美國只維持打一個大規模戰爭的軍力，那麼目前美軍已經在中東和恐怖份子對打，顯然無力顧及在東亞的北朝鮮、台灣。如此一來，日本的安全保障也會受到影響。

同時，駐外美軍的部署也有了新的方向，從過去的「駐留型」切換到「急速展開部署型」：即緊急部署的能力、配備高科技化精密誘導兵器及解決突發事件。並且以「人少軍輕力強」為目標。美軍預計在今後十年，將會分批撤回總數約6～7萬人左右的海外駐軍部隊，而將重點放在歐洲的英國、亞太的日本及澳洲。其中指揮、統合西太平洋到東亞的美軍司令部機能將會集中在日本。此外並設置「前線作戰基地」，以之做為輕小的支援部隊，常駐、監控可能有事的地區。

雖然有人指出，削減在韓美軍會造成對北韓抑止力的衰弱。但是由於在日美軍基地及關島美軍基地已經可能在最短時間完成充分的部署，而美軍也

計劃加強關島美軍基地戰力，包括配備B52、B2轟炸機，並追加第三艘核動力潛艦。

◆《台灣關係法》的曖昧

《台灣關係法》(Taiwan Relations Act, 簡稱TRA)，是1979年4月1日由美國總統卡特簽署，並且追溯到同年1月1日生儔的美國國內法。《台灣關係法》由18條法律所構成，其內容有以下七個重點：

第一，維持及促進美國國民及台灣人民商業及文化關係。

第二，確保台灣人民的人權。

第三，確保台灣的安全，並提供防衛性武器給台灣。

第四，任何企圖以非和平方式（包括杯葛或禁運）解決台灣未來的作爲，均會威脅太平洋和平與安全，美國將嚴重關切。

第五，如果有任何訴諸武力，或其他手段，危及台灣人民安全與社會經濟制度行動時，美國將會反擊。

第六，即使台美沒有外交關係，台美間各項條約與協議仍爲有效。

第七，授權成立美國在台協會（American Institute in Taiwan, AIT），以代表新關係的台美方。

1996年台灣總統大選前夕，中國對台灣發射飛彈，美國便是根據《台灣關係法》，緊急派出兩艘航空母艦，向中國表示了協防台灣的意志。但是之後，當時美國的總統柯林頓在1998年訪中時，在非正式場合，以口頭提出了「三不政策」（不支持台灣獨立、不支持兩個中國、不支持一中一台）及台灣不應加入任何必須以國家名義才能加入的國際組織；同年，江澤民訪問日本時，要求日本將「三不」明文立法，遭到了當時的小渕總理的拒絕。1999年2月23日，美國下議院以429比1的壓倒性票數，否定了柯林頓的三不發言，並且要求政府確實遵守《台灣關係法》；4月12日，上議院更全數一致通過：支持台灣加入如WTO等國際組織，及提供武器給台灣。

《台灣關係法》一開頭即指出：「為助維持西太平洋的安全和安定；和藉承認美國人民與台灣人民之間的通商、文化及其他關係之持續，以促進美國的外交政策及其他目的，乃由美國國會參眾兩院制定此法。」

台灣問題是第二次世界大戰戰後處理的老問

題。戰後，聯合國軍占領了台灣和日本。占領日本的美軍GHQ（General Headquarters/Supreme Commander of the Allied Powers，聯合國軍最高司令官總司令部）制定了《日本國憲法》，並且依《舊金山條約》，讓日本在1951年9月8日獨立，同日簽署《日美安保條約》。美國的《台灣關係法》有意延續美國對日和約的作法。《台灣關係法》的軍售和協防承諾，事實上與日美安保條約有等同的效果。因此，台生報發行人連根藤便為文指出，細讀《台灣關係法》可以發現：

1. 美台人民的關係是「持續的」，也就是在美國和「中華民國」斷交以前便存在的；亦即台美人民的關係，不因占領軍的存在與否，早就存在了。

2. 「台灣人民」與「台灣統治當局」的關係是「主從關係」、「主體與代理關係」、「國家與代理機構關係」。這種關係圖式當然不被當時目中無台灣人民的蔣政權所接受。

3. 《台灣關係法》的曖昧。「台灣」一詞有時當作「台灣人民」解，有時又當「台灣統治當局」解，但是在文脈裡可以分清楚，只有台灣人民才可組織具國家地位的政治實體（En-

tities）。有些人誤以爲台灣統治當局也是「政治實體」，那是錯誤的。「台灣統治當局」只是人民的代理機構（Agencies）和助理機構（Instrumentalities），美國對台軍售和協助的對象是台灣人民，不是「台灣統治當局」。「台灣統治當局」只是代理和助辦機構而已。

另外值得注意的是，《台灣關係法》的主詞不明確，沒有指出到底是「誰」和「誰」的「台灣關係」。因此連根藤強調：因爲美國採取曖昧的外交政策，所以台灣人民應該從美國的曖昧中，找出對台灣有利的部分，並且加以強調，以拉近台美人民的關係。

連根藤博士還指出，《台灣關係法》成立之後，當時的蔣經國政權及國民黨政府爲了隱瞞《台灣關係法》對蔣家政權及「中華民國」的殺傷力，便在翻譯上動了手腳，例如將等同國家地位的「美國人民與台灣人民」譯爲「台灣人們」。《台灣關係法》第二條「美國總統已終止美國和台灣統治當局（在1979年1月1日前美國承認其爲中華民國）間的政府關係」等也略而不譯。（參閱有馬元治著『回顧與展望——動盪的日台關係』，p61）

台灣人對於《台灣關係法》的無知，源於蔣家政權對言論的控制，及資訊的隱瞞。學術界和言論界只能讀到蔣家政權的「官方翻譯版」，無法讀出該法對台灣人民的重視及所被賦予的國家地位。因此台灣人誤以為：「台灣人」與「台灣統治當局」是被美國「遺棄」的「共同體」。

還有，當美國在說「台灣」時，十之八九是指「中華民國」。所以，當美國說「不支持台灣獨立時」，其意思是「不支持中華民國在台灣宣佈獨立」。從美國的《台灣關係法》來看，美國基本上認為台灣是一個「外國」或國家。

《台灣關係法》第15條就是要台灣人民以及台灣統治當局模倣《日本國憲法》制定的過程，透過民主主義的機制，分工合作制定《台灣國憲法》，在獲得多數人同意下，建立台灣國。由於國民黨刻意的誤導，使得台灣人民未能察知美國國會為台灣人民設下的「曖昧的善意」。

〈2〉中國國力消長及對台灣政策的變化

◆國家戰略的歷史轉換

日本學校教科書的社會科地圖將台灣表記為中

華人民共和國的領土。日本政府（文部科學省）不但讓這種內容錯誤的教科書通過審查，還讓全日本的小朋友使用。許多日本人都誤以為：「只要出賣台灣給中國，和平就會到來。」

在我讀小學到高中的時代，也就是1940年代後半到50年代，中國喊的是：「血洗台灣」、「解放台灣」。「統一」是進入60年代後才出現的「口號」。不過這在當時也是有點怪怪的，因為在這之前，中國的國策是「消滅國家的觀念」，以達到「世界革命・解放人類」的目標。既然立志要「消滅國家的觀念」，何必要「中國統一」呢？

但是之後的文化大革命徹底失敗，中國改走「改革開放」路線。和在鴉片戰爭中一敗塗地的清國一樣，中國開始了以富國強兵為目標的自強運動。從這個時期開始，中國才大力主張「中國統一」、「振興中華」。

今日中國的擴軍，源起於改革開放時代的國家政策，也就是「四個現代化」（現代農業、現代工業、現代國防、現代科學技術）中的「國防現代化」。90年代後，「軍縮」是世界各國的共識，卻只有中國朝「軍擴」猛進。目前中國的國防軍事預算的增加率已經連續18年以兩位數在成長。

中國為什麼要擴軍？如果只是要維持國內治安，那麼鎮暴武裝警察就可以應付了；如果是要鎮壓西藏及維吾爾族人的暴動及反亂，也不需要擴充「軍隊」。難道一切的擴軍都是為了「武力犯台」？

實際上，領有台灣並不是中國國家戰略的最終目的。在中國審議「反國家分裂法」的過程中，南京軍區的中國軍事科學院政治委員溫宗仁將軍便說，「如果中國能領有台灣」，就等於「打破國際勢力對中國進行的海上安全圍堵」、「突破了封鎖，我們才談得上中國的崛起」，換句話說，中國視台灣為中國要稱霸世界的橋頭堡。為了要獲得台灣，中國便大肆宣傳並主張「侵略台灣是中國的內政問題」、「老子的家事，誰也不准插手。」

那麼，什麼才是中國軍擴的終極目標呢？那就是對抗美國的「獨霸」（一國霸權主義），要和美國平起平坐，甚至凌駕美國，成為世界新霸主，復興中華帝國在亞洲‧太平洋地區的勢力，要不然中國目前的政權無法繼續獲得中國人民的支持。

說到中國最傳統的國家戰略，就是誘敵深入的「人海戰術」。「反正軍艦又上不了陸」，中國以「人多應萬變」的戰術在「國防現代化」後起了轉變。從以前東北、華北、西北的「三北」，轉換成

黃海、渤海、東海、南海的「四海」，也就是從「誘敵深入」切換到「進出海洋」，從「地理的國境」切換到「戰略的國境」。

中國目前正努力擴展勢力，來填補蘇聯解體後所產生的國際軍事力學的空白。「神舟」昇空並非只是要誇示國力而已，更是擴軍的一環，同時也是要強化宇宙三次元空間的國防力。

隨著中國「進出海洋」的戰略，中國的防衛範圍也從原有的白令海、鄂霍次克海、日本海、東海、南海，加上了印度洋。

中國原來是「陸禁」國家，長城就是最好的證明，長城不但阻止了北方民族南下，也斷絕了人民北上之路。中國也是「海禁」之國，直到19世紀，鴉片戰爭之後，中國才同意「五港開市」。海禁之國的中國到了1970年，開始主張「釣魚台是中國固有的領土」，還說這是「民族的大義」、「歷史的使命」，之後又宣稱「南海是中國的內海」，開始了南海的島嶼爭奪戰。最近又為了東海的海底資源，與日本有摩擦；不僅如此，近來又語出驚人地說「日本和韓國偷吃中國的魚」、「東南亞在中國海域偷採油礦」、「海洋是中國人不可欠缺的生存空間」。像中國這般「歷史使命」、「自古以來」、「民族大義」

可以隨時隨著「國家政策」應變的國家，叫人不敢領教。

◆中國早想武力犯台

對中國來說，捏造歷史、嚇嚇台灣、耍耍流氓以恐嚇國際社會，其實都不算什麼。中國早已打定主意要靠拳頭把台灣收為己有。

實際上，中國恐嚇「不放棄武力犯台」已經超過一千次。當中最出名的是1996年台灣第一次民選總統時，中國為了要阻止李登輝當選，對台灣近海發射飛彈，美國為此緊急出動兩艘航空母艦進駐台灣海峽。

2004年總統大選投票前夕的3月15日，中國國務院總理朱鎔基在記者會上恐嚇台灣選民：「台灣人在星期六的選舉中必須保持警惕，做出明智的抉擇。」「誰要搞台獨，誰就沒有好下場！」「陳水扁當選就是戰爭！」後來，陳水扁當選總統，並沒有發生戰爭，但是戰略研究所的研究員辛旗又鼓吹把台灣「打爛重建」、「人民解放軍要從民進黨支持者較多的南台灣登陸」。

當中最過份的有96年的「不排除對台灣動用核武」及軍事雜誌『國防報』聲稱：「使用核彈攻擊

台灣是最有效的，既不造成建築物的損害，又能使士兵大量死亡。」簡言之，中國人的想法是：「如果台灣敢不聽中國的，那麼台灣人死光光也無所謂。」

具體來講，迄至目前為止，中國宣稱會對台動武的情形如下：

1.台灣宣佈獨立時。
2.台灣發生內亂時。
3.外國勢力介入台灣時。
4.台灣開發核子武器時。
5.台灣參加ＴＭＤ時（戰區飛彈防禦系統）。

另外，2000年中國當局發表「台灣問題白皮書」，強硬地說：「台灣當局無限期地拒絕通過談判和平解決兩岸統一問題，中國政府只能被迫採取一切可能的斷然措施，包括使用武力。」也就是：不但不統一要打，拖延也要打。

中國目前已經有超過800枚的飛彈對準台灣，並且還在增加中。

陳水扁總統在2000年總統就職演說中提出了「四不一沒有」，也就是只要中國不對台動武，那

麼就「不會宣佈獨立，不會更改國號，不會推動兩國論入憲，不會推動改變現狀的統獨公投，也沒有廢除國統綱領與國統會的問題」。可以說是繼承了國民黨政權路線，並且比李登輝路線的「兩國論」又後退了一步。不過，對第一次執政的民進黨來說，面對當時國際希望亞洲和平的壓力，可以視為不得不的「妥協」。

但是陳水扁在2001年的元旦賀詞提出了令人跌破眼鏡的「統合論」。陳水扁說要「從兩岸經貿與文化的統合開始著手」，並且「尋求兩岸永久和平、政治統合的新架構」。陳政權採取的「新中間路線」及「統合論」，在台灣國內飽受批評。

2002年7月21日，中國金援太平洋上的小國諾魯一億美金，並要求在陳水扁就任民進黨黨主席當天與台灣斷交，以做為「賀禮」。

2002年8月3日，在東京召開的「第29屆世界台灣同鄉會」中，陳水扁以視訊的方式表明支持「一邊一國，公投立法」。

我們要知道，民進黨自創黨以來便有「台獨綱領」。「台獨綱領」是民進黨基本綱領的第一條，文中說：「基於國民主權原理，建立主權獨立自主的台灣共和國及制定新憲法的主張，應交由台灣全體

住民以公民投票方式選擇決定。」因此陳水扁在東京的視訊談話，其實也只是回到民進黨的創黨原點而已。

◆左右中國是否犯台的三大因素

中國是否會採取「最壞的打算」，我個人認為和以下三個因素有關：

1. 台灣人是否有誓死保衛國家的決心。根據最近的民意調查顯示，如果台灣受到攻擊，80%的台灣人願意「奮戰」。

2. 美國的《台灣關係法》。台灣關係法是美國在1979年和中國建交前所訂的美國國內法，明言「以非和平方式解決台灣未來的作為，均會威脅太平洋和平與安全」，並且將「提供防禦性武器給台灣人民，以抵抗任何訴諸武力或使用其他高壓手段，而危及台灣人民安全及社會經濟制度的行動」。我認為，只要這個法律沒有廢止，中國軍的犯台就不容易。

3. 中國國內的危機。目前中國尚未在台‧中軍事平衡中取得絕對的優勢。美國國防部分析

指出，2009年之前，中國沒有武力犯台的實力。而許多專家也推測，中國亦不願意在北京奧運及上海萬博之前開打；但是如果在奧運及萬博之前，中國發生了內亂或在政治及經濟上發生了危機，那就另當別論了。

中國為什麼那麼執著於台灣問題？除了前述的「天命」及「軍事」理由之外，還有一個理由是「歷史的自卑情結」。

中國飽受列強及帝國主義的侵略超過一百年。中國近代史可以說是一部受盡凌辱的歷史。鴉片戰爭以後，中國為了富國強兵而推行了多次的改革，改革又改革，改革不行就革命，但是不論人民革命、農民革命、文化大革命，最後都失敗。

中國人將中國落後的原因歸罪於外國對中國的侵略。而台灣問題則是中國被列強侵略的後遺症。

因此，中國的愛國主義者對解決台灣問題非常執著。他們認為日本侵略台灣（其實是清朝割讓台灣給日本），而美日又共同陰謀支援台獨，讓台灣不能回歸祖國，害中國無法統一，以致於中國無法強盛。

而且，如果台灣真的獨立，那麼西藏、新疆、

內蒙古也會要求獨立；接下來，如廣東等其他各省也會跟著想要獨立。早在中華人民共和國成立之前，台灣就已經是個主權獨立的國家；中國國內的問題是中國自己的責任，不應該將自己國內的問題遷怒台灣，怪東怪西，怪日本，怪美國。

〈3〉台灣人保衛祖國的決心

中國的「下一戰」，大概和台灣脫不了關係。但即使是好戰的中國，也想避免這一戰，能「和平併吞台灣」當然是最好。

雖然中國嘴裡說：「不惜一切代價」，心內也明白未必能付得起高昂的戰爭代價。歷史上，隋煬帝遠征高句麗失敗，隋亡；漢武帝好武，版圖擴大了一倍，人口卻少了一半。不僅中國歷史是這樣，從近代的戰爭史來看，也是如此。

中國目前最常用的一招便是孫子兵法的「不戰而屈人之兵」，也就是「不戰」便使對方屈服「而勝」。那麼，如何能不打仗就使對方屈服呢？那就是「文攻武嚇」。

中國對台灣「文攻武嚇」超過一千次以上。其中知名的有：「血洗台灣」、「敢獨立就發動核子戰

爭」、「敢拖延統一就打」、「陳水扁當選就打！」甚至因為陳水扁總統支持者以南部居多，就宣稱「要從南部登陸」。這種要兇要狠，連流氓都自嘆不如的言論，台灣人民已經聽了快要60年了。

60年可以從阿公聽到金孫。就心理學來看，人被嚇久痲痺以後，就不痛不癢不當一回事了，也不知道要怕了。

中國也曾努力推銷香港及澳門的「一國兩制」，但和香港、澳門不同的是，台灣已經是一個進步而成熟的議會制民主國家，不可能倒退接受「一國兩制」。於是中國只剩下「動武」一條路可走了。

在「動武」之前，中國目前正在進行許多「準備工作」：除了在國際社會上更加孤立台灣、制定《反國家分裂法》好在國際社會上有合法侵略台灣的名目、並且恐嚇美國及日本：「中國的內政不容他國干涉」，還有在台灣國內策動親中國勢力等等。

中國嚇台灣已經超過半個世紀，現在仍只是嘴吧說說而已嗎？或者已經到了倒數計時階段？是中國在軍事力上還未佔優勢？或是中國還在打戰爭代價的算盤？

當然，中國不得不注意美日的動向，日本前駐泰國大使、外交評論家岡崎久彥說，台灣問題是「21世紀最大也是最後的世界性問題」，其影響及代價的計算絕非容易。

◆台灣自古不屬中國

中華人民共和國自建國以來，便設定「解放台灣」爲國家目標。對當時的中國來說，「世界革命・解放人類」是國家政策之一環。

在中華人民共和國建國之初的一段時期，「武力解放台灣」被視爲國共內戰的延長。到了韓戰以後的冷戰時期，中國也曾經自信滿滿地認爲「一百年後，台灣就會自己靠過來」。毛澤東也說：「解決台灣問題不一定要我們這一代完成，可以留給下一代去辦。」

但是到了江澤民時代，時代潮流起了變化。江澤民開始聲明「不惜一切代價，堅決徹底地粉碎『台獨』。」（1995，江八點）

中國在過去半個世紀一直主張「台灣是中國自古以來不可分割的領土」。這是典型「曾參殺人」、「假戲眞做」的謊言。台灣史的捏造及歪曲，大多是從戰後開始的。如戰後早期，湯子炳的『台灣史

綱』便將連橫『台灣通史』中的古代南島語族（台灣原住民的祖先）視爲「漢民族以外的人入侵台灣」。

中國人的歷史觀非常幼稚而拙劣。譬如，只不過在雲南發現了190萬年前的猿人骨頭，中國人便可以延伸聯想「中國人的祖先也在雲南」。其實猿人和猩猩狒狒就如同表兄弟，1萬年前，不要說中國人，就連印度人、埃及人也都還沒出現。

中國常見的捏造手法是引用曖昧不清的古典書籍，強辯「台灣自古就是中國領土」。中國最古老的書『書經』「禹貢篇」中記有「島夷卉服」四個字，他們便以此斷定「島夷」就是「台灣」；『隋書』以降的諸史、諸志中提到了東海上的「夷州」、「琉求」等，也沒有任何佐證，中國人便一口咬定「夷州」、「琉求」就是「台灣」，並且主張這是中國領有台灣，「二千年來不可分的領土」的「證據」。

中國政府於1993年8月所發表的『中國白皮書』中引用『隋書』「東夷列傳」煬帝派軍征討琉求，陳稜「虜其男女數千人」的記載主張「台灣自古即屬於中國」。就算陳稜所到之處眞的是台灣，那麼也只能證明中國不但侵略，還強行綁架台灣居民的惡行惡狀，如何能成爲中國領有台灣的根據？

自古以來中國便有「天下莫非王土」的王民王

土觀及華夷思想。即使到了21世紀，中國人仍有根深蒂固的「中國便是天下」的世界觀。中華的歷代帝國都是典型的大陸帝國，除了大元帝國以外，都將海外視爲夷狄居住的黑暗異域，是異世界。漢帝國以來，也因爲拒絕和外部的接觸，而斷斷續續地實施陸禁及海禁。到了明朝，更有「片板不許下海」的海禁政策。從三藏法師的西域取經及鑑眞和尚、弘法大師費盡千辛萬苦才得以渡海的故事便可以看出，即使是最具國際色彩的唐代也沒有多大的差別。

換句話說，中國和異域雖然有過互市的交易往來，但是基本上中國對海外既不關心也沒有知識。像台灣這樣四面環海的孤島，更是無從所知。

台灣不但不是中國不可分的領土，而且近代歷史上台灣和中國一直處於對立的關係。中國人好不容易知道台灣的存在，是台灣成爲倭寇根據地的15世紀。不論繼之而來的荷蘭人、鄭成功、日本帝國、中華民國，都是和中國處於敵對狀況的政權。而台灣的繁榮也是奠定在與中國沒有關係的荷蘭時代、日本時代。

既然這樣，爲何中國仍然能臉不紅氣不喘地公然宣稱台灣是中國「神聖不可分」的領土？

簡單地說，這只不過是要合法化將來中國侵略併吞台灣時的藉口。對中國來說，「侵略」和「統一」其實是同義字。

民進黨主席林義雄曾經向一直要求統一的中國喊話：「中國不妨向台灣人民說明，統一對台灣人民的好處為何？」中國既然一直主張「台灣得和中國結婚」，那麼也應該講個理由。過了不久，大概是要回答林前主席的疑問，中國發表說：「如果台灣和中國統一，中國會保護台灣的安全，這樣台灣就不用每年使用高額的國防費用，可以用在經濟發展上，那麼經濟就可以更加發展。」這真是睜眼說瞎話，台灣每年花這麼多錢在國防預算上，還不是因為中國不放棄侵略台灣的野心嗎？中國的國民所得不到台灣國民所得的20分之1，兩國國民生活水準差這麼多，不要拖累台灣人民就不錯了，還說要「照顧」台灣人民生活？

當然，台灣人不是因為中國人窮而不願意和中國人「結婚」。而是就過去4百年的歷史來看，台灣不論在文化、社會、民族、國家意識上都和中國有很大的隔閡。的確，所謂的「外省人」也許認同中國，希望統一，但是大多數的「外省人」也不見得願意和「現在的中國」統一。台灣人為了追求自由

民主作了許多犧牲，好不容易掙脫了國民黨的獨裁專制，朝民主、人權、自由及尊嚴向前邁進了一步，現在又要台灣人民回過頭和主張「堅持馬列主義毛澤東思想、堅持社會主義道路、堅持無產階級專政、堅持中國共產黨領導」的中國統一，可以說「門都沒有」。

對不知情的外國人來說，也許會有「中國統一＝和平」的錯誤印象，但是對台灣人來說，「統一＝從屬」，中國就像古時的「大爺」，不但已經左擁右抱西藏、新疆、蒙古等小妾，還對台灣垂涎不已，說什麼「絕對不可分」，最後還跟變態一樣搞恐嚇：「敢不嫁給老子就要妳全家好看」，「敢搞離婚就打」。嫁給這種男人會幸福嗎？

◆民意與天意的對決

「一個中國」是個非常曖昧的概念。光是「中國」一詞便有很多種解釋：有人主張「中國不是國名，而是包括台灣及中國等的歷史及文化的概念」，也有人說「包含台灣的中華人民共和國就是中國」。中國主張「一個中國就是中華人民共和國，而台灣是其領土」；過去台灣政府主張的是「一個中國是中華民國，而中華人民共和國是叛亂

團體」。台灣一直到了李登輝時代才好不容易承認「中華人民共和國」是「政治的實體」，視之為「國家」，並且以中國的民主化及與台灣的均富做為兩岸統一的前提，可以說是將「統一」無限期延期。以現在的眼光來看，好像很不可思議，過去蔣介石和毛澤東對峙時，兩個人都主張「一個中國」，並且競相代表是中國的正統政權。而台灣不論在蔣介石或蔣經國的時代，都拒絕承認「中華人民共和國」是個「國家」。

但是現在不一樣了，目前民進黨所採取的態度，「一個中國」是不包含台灣的「中華人民共和國」，台灣的國名是「中華民國」，換句話說是「一中一台」（一個中國、一個台灣）。

自李登輝時代以來，「台灣是不同於中國的主權國家」的看法便成為台灣社會的主流。1995年李登輝總統的「兩國論」向全世界表明了台灣在政治上的變革，也是台灣是重視民意、尊重民意的國家宣言。同樣地，民進黨也主張「台灣人民有權利決定台灣的未來」。

當然中國會說「統一台灣」也是中國人民熱切期望的「民意」。問題是，中國五千年來沒有選舉，也沒有實行過民主制度，哪來的「民意」？還

不是獨裁者說了就算。其實，對中國來說，最可怕的不是「一邊一國」，而是「全民公投」。如果真如中國所說：「兩岸人民熱切期待統一」，那麼台灣早就和中國統一了。

對中國來說，吸收「中華民國」就是「統一台灣」，是中國革命、國家統一的終極目標，是中國的「歷史使命」，也是「天意」。「天意」是中國人特有的國家觀及歷史觀。「天子」替「天」來統領萬民，是中國傳統的「天命」思想。這樣的歷史觀即使在社會主義革命之後，仍然根深蒂固地留在中國社會，更可以說現在的共產黨體制是靠著殘留的「天命」思想在支撐著；「黨意」就是「天意」，也是「天命」。因此，想要靠「民意」的台灣竟敢無視「天意」，當然不可原諒。一言以蔽之，台灣與中國目前是「民意」與「天意」的對決。

第二章

美日台之經濟消長

〈1〉美國之為世界霸權的經濟力

一國的國力是多元的。衡量一國的國力，領土的大小、人口的多少、軍事力、外交力、經濟力、文化力、生活力，甚至國家未被發掘的潛在力、國民的素質、人才的運用等等，都是評價的對象。

美國自20世紀中葉以後稱霸全球，維持世界新秩序，被指為「獨霸」是有其理由的。

比如，從經濟力來看美國，比較傳統的評量指標之一是GDP（或GNP，當然也有以平均購買力換算的。可是一般還是以GDP的國際評價較為客觀）。從人類的歷史來看，當英國稱霸全球時，大英帝國支配了全世界4分之1的土地，但GDP只占10分之1。

可是今日的美國，不但維持全世界最強大的軍

隊，國防預算占全世界軍事預算的近半（請參考第3章），GDP（國內總生產）占全世界的3分之1弱。是人類有史以來從未出現過的經濟超強國。以現在世界各國的GDP數字作一個比較，不難看出美國超強的經濟力。

若以2003年底的GDP數字（『NEWSWEEK』2004,11,3）來看，俄國僅有美國的30分之1，印度20分之1，中國8分之1，日本2.5分之1，歐盟是1.2分之1。沒有任何國家可以匹敵美國的經濟規模。

可是國家有榮枯興衰，經濟數字年年在變化。80年代以來，「美國已走向沒落」之聲不絕於耳。當然美國背負了很多國內外的難題與矛盾，也不斷面臨新的挑戰。這是事實。70年代，美國人寫了『日本第一』（"Japan as No.1"，Ezra F. Vogel著）一書；90年代，日本泡沫經濟，自此一蹶不振。綜觀現代或未來，可能挑戰美國的超強，如歐盟、中國、印度、俄國的可能性雖然不可忽視，但這些挑戰者的國內矛盾與難題卻比美國更多。

至少在數十年內，或者在21世紀之內，要取代美國，恐怕不容易。

主要國的基本資料一

	面積 （千平方 公里）	人口 （千人）	人口 增加率 （%）	65歲以 上人口 比（%）	人口預測 （千人）	就業者數 （千人）
	2003	2004	2000~04 年平均	2005	2050	2004
日本	378	127776	0.2	21	112198	63290
中國	9597	1299880	0.6	7.6	1392307	737400
韓國	100	47925	0.6	8.3	44629	22557
印度	3287	1085600	1.7	4.8	1592704	…
英國	243	59830	0.4	16	67143	28008
法國	552	59768	0.5	16.2	63116	22110
德國	357	82500	0.1	18	78765	35659
義大利	301	58170	0.2	19.2	50192	22133
西班牙	506	41874	1.4	16.9	42541	17971
荷蘭	42	16280	0.6	13.8	17139	7952
俄羅斯	17075	143820	-0.5	13	111752	67134
美國	9629	290811	1.8	12.3	394976	139252
加拿大	9971	105350	0.9	13	42844	15950
巴西	8515	181590	2	5.8	253105	80163
澳洲	7741	20110	1.2	12.7	27940	9636
印尼	1905	217080	1.3	4.8	284640	91647

主要國的基本資料二

	國內總生產（億美金）	平均國民每人所得（美元）	經濟成長率（%）	OECD經濟預測（%）	能源供給（百萬噸）	能源自給率
	2004	2004	2004	2006	2003	2003
日本	46228	37050	1.7	2.8	51710	16
中國	19317	1500	10.1	9.5	140938	98
韓國	6797	14000	4.6	5.2	20530	18
印度	6912	620	8.2	7.3	55339	82
印尼	2576	1140	5.1	5	16155	155
英國	21244	33630	3.1	2.4	23195	106
法國	20466	30370	2.3	2.1	27129	60
德國	27406	30690	1.6	1.8	34712	39
義大利	16778	26280	1.2	1.4	18103	15
西班牙	10399	21530	3.1	3.3	13610	24
荷蘭	5790	32130	1.4	2.4	8083	72
俄羅斯	5814	3400	7.2	6	63972	173
美國	117118	41440	4.2	3.6	228079	72
加拿大	9780	28310	3.1	3.1	26064	148
巴西	6040	3000	1.9	3.5	19324	89
澳洲	6373	27070	3.2	2.9	11265	225

主要國的基本資料三

	發電量 (億kWh)	食料生產對前年增加率(%)	穀物自給率(%)	工業生產指數 (1995＝100)	粗鋼生產 （千t）	中央政府總債務GDP比(%)
	2003	2005	2003	2004	2,005	2004
日本	10,472	0.6	21	105.4	112,500	100.6
中國	19,074	3.3	100	…	349,400	12.6
韓國	3,469	-2.2	25	194.6	47,800	9.6
印度	6,333	0.2	97	171.8	38,100	65.8
印尼	1,129	0.2	88	107.3	2,800	29.2
英國	3,968	-0.7	100	103.9	13,200	51.7
法國	5,669	-4.2	174	116.6	19,500	74.4
德國	5,995	-5.7	102	119.3	44,500	67.7
義大利	2,939	1.3	72	102.3	29,300	101.2
西班牙	2,607	-10.7	68	121	17,800	65.2
荷蘭	968	-3.6	24	113	6,900	51.8
俄羅斯	9,163	1.7	99	133.4	66,100	41.4
美國	40,815	-0.8	132	134.6	94,900	38.0
加拿大	5,870	1.2	146	132.9	15,300	48.0
巴西	3,649	-0.1	91	116.7	31,600	—
澳洲	2,281	2.6	334	121.4	7,800	22.4

主要國的基本資料四

	貿易 （百萬美金）		國際收支 （百萬美金）		外匯準備率 （百萬美金）
	輸出	輸入	經常收支	資本收支	
	2004	2004	2005	2005	2005年末
日本	565,743	454,592	165,780	-126,620	835,506
中國	593,439	560,683	68,659	110,660	822,479
韓國	253,845	224,463	27,613	8,319	210,340
印度	71,798	94,070	6,853	18,630	132,499
印尼	71,261	52,076	3,108	2,997	33,145
英國	341,621	451,715	-57,620	49,410	44,032
法國	424,274	442,317	-38,780	-14,720	32,297
德國	911,859	718,269	115,520	-128,330	50,653
義大利	353,785	354,765	-15,137	10,810	29,459
西班牙	182,156	257,672	-54,865	47,414	10,414
荷蘭	317,936	283,734	54,414	-54,600	10,193
俄羅斯	181,663	75,569	58,563	-4,868	176,513
美國	818,520	1,525,680	-804,960	781,220	67,167
加拿大	304,456	273,084	25,268	-16,802	32,968
巴西	96,475	66,433	14,199	14,463	53,596
澳洲	86,420	109,383	-42,084	49,898	42,069

〈2〉日本的潛力不容忽視

　　台灣是日本的近鄰，百餘年來，曾和日本走過共有的歷史，知日派、親日派也不少。可是台灣對日本的理解卻很有限。日本的潛力也經常被忽視。

日本從敗戰的廢墟中爬起來，到了80年代，已成爲挑戰美國的經濟大國，也成爲歐美「抵制」的對象。

　　80年代日本的GDP規模約占全亞洲的一倍以上，經濟力驚人。90年代初，人口有東京100倍的中國，其國家總預算（歲出）才相當於東京都年支出的一半而已。

　　可是自90年代初，日本經濟停滯、低迷，又被稱作「失落的十年」或「失落的15年」。據估計，十年中，經濟損失達1500～3000兆日幣之鉅。

　　雖然日本的經濟發展長期停滯，可是經濟規模還是非常驚人。

　　比如以2003年的GDP數字爲基準，自誇「21世紀是中國人的世紀」的中國GDP還不到日本的3分之1。經濟成長速度驚人，又有超越中國可能的印度也僅有日本的8分之1。資源大國、近來經濟情況大好的俄國也只有日本的12分之1。

　　中、印、俄3國的經濟規模總合，也不到日本的一半。由此可知，日本的經濟雖然處於低迷的狀態，但其經濟力仍然不容忽視。中國雖然看不起「小日本」，但是從改革開放到目前爲止，還是每年接受日本所提供的巨額援助ODA（Offical Development Assistance，日本政府對外國的經濟及技術援助），並且死鴨子嘴硬，硬說這是「中日合作」。中國人表面上反日、仇日，實際上卻是「恐日」。

為何「小日本」會有如此龐大的經濟力，並非僅明治維新日本近代化成功的結果。『魏志倭人傳』中描述日本的社會「不盜竊，少諍訟」；『隋書』（東夷傳）看到的日本社會是「人頗恬靜，罕爭訟，少盜賊」。與「無山不賊，無湖不匪」的中國相比，是「路不拾遺」的社會。大航海時代，來到日本的西方傳教士也都稱讚日本人有禮貌、清潔、清貧、有公德心，其文明及文化水準都比印度或支那高。簡單來說，為什麼日本能近代化成功，來自其「高水準的國民」。

除了國民水準以外，在明治維新之前，日本便有蓄貯產業資本及技術開發能力。因此日本成為19世紀前亞洲唯一現代化成功的國家。至今，「Made in Japan」的日本技術不但傲視全球，並且成為一種「品牌」，這也是其國民水準及人才豐富的象徵。這是日本的潛力。

國際機構的展望

（單位：%）

	IMF			OECD	
	2005	2006展望	2007展望	2006展望	2007展望
先進國	2.7	3	2.8	3.1	2.9
日本	2.7	2.8	2.1	2.8	2.2
美國	2.7	3	2.8	3.6	3.1
英國	1.8	2.5	2.7	2.4	2.9
德國	0.9	1.3	1	1.8	1.6
法國	1.4	2	2.1	2.1	2.2
義大利	0.1	1.2	1.4	1.4	1.3
澳洲	2.5	2.9	3.2	2.9	3.7
開發中國家	7.2	6.9	6.6	—	—
亞洲	8.6	8.2	8	—	—
中國	9.9	9.5	9	9.7	9.5
印度	8.3	7.3	7	—	—
中南美	4.3	4.3	3.6	—	—
巴西	2.3	3.5	3.5	—	—
中東	5.9	5.7	5.4	—	—
非洲	0.2	5.7	5.5	—	—
CIS諸國蒙古	6.5	6	6.1	—	—
俄羅斯	6.4	6	5.8	6.2	5.7
中東歐	5.3	5.2	4.8	—	—
全世界計	4.8	4.9	4.7	—	—

各國國民總所得

（單位：美元）

	2000年	2001年	2002年	2003年	2004年
日本	44,588,546	4,535,667	4,285,394	4,319,733	4,734,255
印度	455,609	479,333	493,215	570,324	673,205
印尼	122,462	148,762	175,162	202,315	248,007
韓國	460,596	501,080	537,080	577,275	673,138
台灣	325,752	297,462	301,860	309,358	333,502
中國	1,168,883	1,273,245	1,406,825	1,631,448	1,937,965
英國	1,488,625	1,489,424	1,516,032	1,681,499	2,013,363
義大利	1,163,070	1,123,492	1,102,386	1,247,096	1,513,111
荷蘭	401,268	387,429	383,478	432,479	523,108
西班牙	620,580	612,128	623,528	732,950	919,094
德國	2,096,903	1,975,648	1,900,016	2,121,658	2,532,281
法國	1,483,137	1,418,207	1,380,957	1,558,524	1,888,407
俄羅斯	250,308	259,626	305,659	374,354	488,501
美國	9,709,347	9,929,694	10,159,293	10,985,937	12,168,482
加拿大	671,044	686,797	710,752	776,696	905,042
巴西	623,828	535,373	499,837	486,945	551,650
澳洲	384,157	385,456	386,158	439,076	544,343

各國國民平均總所得

	1990年	2000年	2001年	2002年	2003年	2004年
日本	26,960	35,140	35,670	33,640	33,860	37,050
印度	390	450	460	470	540	620
印尼	620	590	710	830	940	1,140
韓國	6,000	9,800	10,580	11,280	12,060	14,000
台灣	-	14,608	13,280	13,416	13,688	14,692
中國	320	930	1,000	1,100	1,270	1,500
英國	16,190	24,920	25,030	25,560	28,220	33,630
義大利	17,420	20,160	19,470	19,110	21,630	26,280
荷蘭	18,750	25,200	24,140	23,750	26,650	32,130
西班牙	12,090	15,320	15,030	15,110	17,450	21,530
德國	20,560	25,510	24,000	23,030	25,700	30,690
法國	20,160	24,470	23,280	22,510	25,220	30,370
俄羅斯	-	1,710	1,780	2,100	2,590	3,400
美國	23,330	34,400	34,800	35,230	37,780	41,440
加拿大	19,840	21,810	22,100	22,660	24,560	28,310
巴西	2,770	3,590	3,040	2,790	2,680	3,000
澳洲	17,710	20,060	19,860	19,660	22,090	27,070

各國國內總生產及每人平均總生產 （單位：美元）

	2000年	2001年	2002年	2003年	2004年	平均一人
日本	4,746,067	4,162,360	3,970,849	4,291,124	4,622,771	36,182
印度	457,371	476,349	508,881	600,165	691,163	640
印尼	165,020	164,145	200,111	238,525	257,641	1,184
韓國	511,659	481,894	546,934	608,148	679,674	14,136
台灣	321,281	291,781	294,846	299,802	322,255	141,196
中國	1,198,480	1,324,806	1,453,831	1,640,962	1,931,710	1,490
英國	1,438,283	1,431,278	1,564,965	1,797,786	2,124,385	35,485
義大利	1,074,763	1,090,411	1,186,333	1,468,317	1,677,834	29,143
荷蘭	370,638	384,021	418,935	512,727	578,979	35,559
西班牙	570,673	608,365	686,057	880,990	1,039,927	24,360
德國	1,900,221	1,891,329	2,022,219	2,433,420	2,740,551	33,212
法國	1,327,964	1,339,762	1,457,326	1,789,133	2,046,646	33,896
俄羅斯	259,709	306,603	345,056	431,487	581,447	4,042
美國	9,764,800	10,075,900	10,434,800	10,951,300	11,711,834	39,883
加拿大	714,458	705,149	726,711	856,526	977,968	30,586
巴西	610,732	508,433	460,787	505,747	603,973	3,284
澳洲	387,538	368,899	411,902	527,417	637,327	31,690

〈3〉從世界看台灣的經濟力

現在世界大約有200個國家，在人口方面，台灣排名41位。可是從經濟規模（GDP）來看，2000年台灣是第18位（IMF數字），2005年是第27位。

但台灣的BLACK MONEY大約有40%左右，所以GDP數字應該比公式數字更多。

台灣在1940年代以前，第二級產業就已經超越第一級產業，也就是說，早在第二次大戰之前，台灣早已進入產業社會。可是戰後湧進了大量的中國難民，加上國民黨政府的無為無策，使得經濟停滯，到了70年代經濟才又開始成長，成為亞洲四小龍，近30年連續10%經濟成長，可以說是人類史所罕見。

90年代以後，經濟成長開始減速，資本、技術外流，可是1997年還能克服亞洲的金融危機，成長率也維持在歐美先進國以上，競爭率、投資環境不但未減退，反而上升，從此可以看出台灣堅實的潛力，這是台灣人刻苦耐勞的打拚精神所帶來的。

以下舉出兩個國際研究機構的數字來看台灣的國力和潛力。WEF（世界經濟論壇）的世界競爭力分

析，2000年台灣是第10位，01年是第7位，02年是第3位，僅次於美國和芬蘭。2002年日本從第21位晉昇到13位，中國從第39位進步到33位。

以聯合國所發表的人類發展系數（以1壽命，2教育，3經濟）為指數來看，2001年世界174國中，挪威第一，瑞典第二，加拿大第三，美國第六，日本第九，台灣第二十三，中國則是第八十八。2002年的聯合國報告中，台灣比十年前進步了5名，中國退後了9名。台灣未來發展的可能性並沒有後退。

可是2006年瑞士洛桑管理學院所作的全球綜合競爭力調查，台灣排名第18位，比上期下降了7位；中國則由31名躍昇到第19名，台灣和中國的差距，突然從20位縮小到伯仲之間。WEF的全球競爭力（2006年），台灣在125個國家中從2005年的第8位滑落到第13位；中國則排名54，印度為43。

從經濟環境來看，與其說台灣資本、技術、人才外流，不如說是媒體長期唱衰台灣與政策的內耗所導致的。

主要國的國內總生產額　(2004年)

國名	國內總生產（億美金）
印尼	2,576
荷蘭	5,790
俄羅斯	5,814
巴西	6,040
澳洲	6,373
韓國	6,797
印度	6,912
加拿大	9,780
西班牙	10,399
義大利	16,778
中國	19,317
法國	20,466
英國	21,244
德國	27,406
日本	46,228
美國	117,118

主要國人口 （2004年）

國名	人口（千人）
荷蘭	16,280
澳洲	20,110
加拿大	31,950
西班牙	41,874
韓國	47,925
義大利	58,170
法國	59,768
英國	59,830
德國	82,500
日本	127,776
俄羅斯	143,820
巴西	181,590
印尼	217,080
美國	290,811
印度	1,085,600
中國	1,299,880

國民平均所得最高前二十國

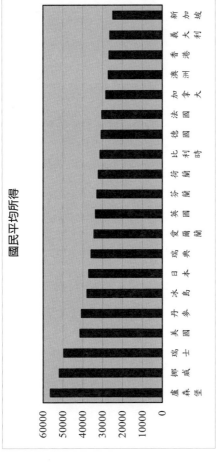

國民平均所得

60000	
50000	
40000	
30000	
20000	
10000	
0	

盧森堡　挪威　瑞士　美國　丹麥　冰島　日本　瑞典　愛爾蘭　英國　芬蘭　荷蘭　比利時　德國　法國　加拿大　澳洲　香港　義大利　新加坡

以上經濟等數據節錄自「世界國勢圖繪」(2006～2007年)矢野恆太記念會編

第三章
各國軍事預算規模及軍力

〈1〉如果第3次日中戰爭爆發

◆預測日中戰爭的美國小說『SHOW-DOWN』(對決)

由兩位美國前國防部高級官員共同執筆、描寫2009年第三次日中戰爭的新書『對決』(SHOW-DOWN)，2006年5月在美國出版。

這本戰爭小說的第九章模擬了2009年北京奧運結束後，中國為了要轉移國內對貧富差距及失業人口劇增的不滿，從而煽動國家主義，鼓動仇日，要求日本政府放棄釣魚台及日本首相停止參拜靖國神社。並且與俄羅斯在釣魚台附近強行實施軍事演習，向日本示威。日本求助同盟國的美國。但是美國新任的民主黨女總統，以「不想刺激中國」為

由，拒絕向中國耀武揚威的軍事行動作任何抗議。

於是，有機可趁的中國政府便組織動員，策劃更大規模的反日、仇日活動，並且指在中國工作的日本工程師是間諜，以間諜罪公開處刑。之後又宣稱：「日本首相若參拜靖國神社，就是對中國的戰爭行為。」並且向日本提出一連串的要求：停止參拜靖國神社、天皇謝罪、放棄釣魚台等等。還威脅日本，若拒絕便發動攻擊。

由於日本不屈從，中國於2009年8月以導彈攻擊靖國神社，並且進攻釣魚台。日中戰爭爆發。親中的美國女總統因為「不想和中國戰爭」，沒有支援日本，只叫日本向聯合國申請調停。

接下來，中國又指示北朝鮮攻擊韓國，第二次朝鮮戰爭爆發。中國又進而命令北朝鮮對日本發射核彈。北朝鮮的核彈於同年9月命中日本西部的大都市大阪，阪神地區化為灰燼。日本宣佈投降。

作者是老布希總統時代的國防副次官捷特·巴比（Jed Babbin）及雷根總統時代的國防部動員計劃部長愛德華·提姆巴雷克（Edward Timperlake）。兩氏皆為長年研究國際安保及中國軍事動向的專家。

此書副標題「為何中國想要和美國戰爭？」（WHY CHINA WANTS WAR WITH THE UNITED

STATES），認爲中國大規模地發展武力及軍備，想要稱霸亞洲，莫非是想要和美國對決。只要美國及其同盟國不採取強硬的圍堵措施，中國必定會挾其軍事力挑戰其鄰國，如台灣、韓國、日本及美國。

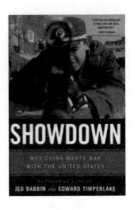

◆前防衛廳長官石破茂分析日中戰力

日本前防衛長官・眾議院議員石破茂也認爲日中若起衝突，可能會在釣魚台、油田海域。

一旦日中戰爭再爆發，最重要的是確保「制空權」。在這一點上，日本自衛隊占了優勢。中國的戰鬥機大多老舊，可以和日本F-15J匹敵的Su27及Su30數量也不多。中國軍的最大致命傷在於沒有AWACS（空中預警機）。石破前長官分析：「沒有AWACS機的空軍，即使量多，也是烏合之眾。」中國目前靠俄國提供各種武器及軍事技術。但是到目前爲止，俄國還沒有提供AWACS的技術給中國，而中國也還沒有自行生產的技術能力。

至於在海上作戰方面，中國目前所擁有的驅逐

艦、巡洋艦的數量與日本相當。日本另有四艘最尖端的神盾艦。中國還沒有。

海底作戰方面，由於中國潛艦聲音很大，容易被探知。日本自美蘇冷戰時代以來便在研究開發對蘇的反潛戰略，因此日本的反潛能力可以說是世界首屈一指。在每年實行的環太平洋軍事演習中，日本還曾有過殲滅美軍航空母艦的「戰果」。因此目前還不至於會有美國、日本的護衛艦被中國潛艦包圍、擊沈的狀況發生。但是中國近來也努力研究引進聲音小、可以長期作戰的核能潛艦，及反艦飛彈。雖然中國目前的技術還未能自行開發航空母艦，但卻不能否認，二、三十年後中國自行建造航空母艦的可能性。

石破茂以2005年8月所舉行的「中蘇共同軍事演習」為例，指出目前日中兩軍的戰力仍以日本為優勢。

這個為期一週的軍事演習費用完全由中國負擔。原先中國想要藉由這次演習展現其軍事現代化的成果，但是反而暴露出中國尚不成熟的軍力。演習中，不但登陸用艦艇不夠、水陸兩用輕戰車的技術不高，其間還沉了兩台水陸兩用戰車，並發生兵士八人死亡的意外事件。此外，空降作戰的技術仍

不成熟，相對於可以從低空400公尺跳傘達到突襲效果的俄軍，中國軍只能從高度800公尺處跳傘，但卻仍然有20人負傷。因此就算中國能以飛彈攻擊台灣，但如果無法登陸，便不可能使台灣屈服。

石破茂說「威脅＝戰力×意圖」，譬如美國雖然有全世界最強的軍事力量，但是目前沒有攻擊日本的意圖，因此美國對日本就不造成威脅。反過來說，即使戰力不大，但若有侵犯日本的意圖，那麼對日本就是威脅。

石破茂也說，對於沒有民意基礎的中國現政權來說，在脫離依靠外國資本的開發型經濟之前，避免與日美發生軍事衝突才是明智之舉。

石破茂也就日本今後的戰略提出了看法：必須強化與周邊諸國的聯繫。石破在2002年就任防衛廳長官後，訪問了美國、俄國、印度等國的國防長。之後訪問中國時，受到了總理溫家寶親自迎接的破格待遇。也就是說，光是加強「日、俄、印」的聯繫及合作，便可以對中國產生壓力及影響。

不僅只俄國、印度，和同樣感受到中國軍事威脅的菲律賓、越南、印尼等國的聯繫交流也很重要。

◆中國不是日軍對手

軍事專家井上和彥分析日中如果開戰，「日本自衛隊將獲得壓倒性勝利」。

其理由為：日本航空自衛隊不但有兩百多架世界最強的F-15J／DJ型戰鬥機，加上反潛、對地攻擊的F2A／B戰鬥機61架，還有配備先進電子儀器的各型戰鬥機、預警機等150架；中國雖有2千多架戰機，在數量上僅次於美國，但其中九成為「骨董」，未搭配高性能的電子機器與雷達，「不是日本的對手」。

中國雖也有約200架俄製高性能戰機（蘇愷）Su27／30，但其飛行訓練時間或出動率「還是無法與日本較量」，且中國不像日本擁有先進的空中預警機，無法做高度的空中電子戰。

在海戰上，井上強調日本的艦艇與兵員數量雖遠遠落後中國，但都配有先進電子儀器，是世界頂級水準。中國除了少數俄製現代級驅逐艦之外，大部分艦艇的裝備極為落後。

中國也擁有70艘潛艦，但是靜音設計或魚雷攻擊能力均無法與日本相較；具有世界頂級反潛能力，又熟知俄國製潛艦性能的日本海上自衛隊，剛

好是中國潛艦部隊的剋星。

　　井上特別強調的是，日本擁有80架世界一級的P3C反潛機及強大的空中預警系統，在04年中國漢級潛艦侵入日本領海時，便發揮了具體的效果。

　　中國如果動員陸軍占領釣魚台會如何呢？井上和彥認為，掌控制空權與制海權的日本可以切斷中國的補給線，使「占領」釣魚台的中國地上部隊陷入孤立無援的狀態；同時，中國的7千輛坦克也對日本「構不成問題」，因為這些坦克需要先渡海才能威脅日本。

　　依此分析，中國如果真的槓上日本，日本將獲壓倒性勝利。但井上和彥還是特別強調必須注意：中國每年以兩位數的比例增加軍費，它的實力「將來很有可能會超過日本自衛隊」。

〈2〉台灣的軍力分析

　　2006年9月號的日本雜誌『軍事研究』就美國國防部『2006年中國軍事力』報告中有關台灣與中國的部分作了分析。文中指出，相對於13億人口的中國人口，台灣人口約2千3百萬，是中國的57分之1。台灣雖然有台灣海峽的天然屏障，但是就軍事

表一　日中陸海空戰力比較

中國		日本
160萬人	陸軍兵員	14.8萬人
7000輛	戰車	約1000輛
22萬人	海軍兵員	4.4萬人
750艘(93.9噸) 潛艦70艘(其中核能潛艦6艘) 航空母艦0(一隻開發中) 主力水面艦63艘	艦艇總數	150艘(42.5萬噸) 潛艦16艘 航空母艦0 主力水面艦53艘
15機	定翼反潛巡邏機	80機
40萬人	空軍兵員	4.6萬人
1768機(空軍)＋328機(海軍)	戰鬥機	373機
180機(空軍)＋68機(海軍)	爆擊機	0
0	早期預警機	4機
開發中	巡弋飛彈	0
ICBM(洲際飛彈)DF-5：24t基 ICBM DF-31：8基 IRBM／MRBM(中程彈道飛彈) DF-3：32基 IRBM／MRBM DF-4：20基 IRBM／MRBM DF-21：60基 SRBM(短程彈道飛彈)：450基 SLBM(潛射彈道飛彈) JL-1：12基	彈道飛彈	航空自衛隊保有六群愛國者飛彈部隊；海上自衛隊保有4隻神盾艦。

(平成17年度版『防衛白皮書』防衛廳『國際軍事資料』2006-2007)

表二　台灣與中國軍力比較

陸軍	總兵力	對台作戰可能兵力	台灣兵力
現役總兵力	140萬人	40萬	13萬人
集團	18	8	3
步兵師團	25	9	0
步兵旅團	33	12	13
裝甲師團／旅團	9	40萬	0
裝甲旅團	11	40萬	5
砲兵師團	3	3	0
砲兵旅團	15	5	3
海軍陸戰隊旅團	2	2	2
戰車	7000輛	2700輛	1800輛
砲數	11000門	3200門	3200門
空軍	總作戰機	台灣作戰可能機	台灣機
戰鬥機	1525	425（27.9%）	330
轟炸機	775	275（27.9%）	0
輸送機	450	75（16.7%）	40
海軍	總就役數／艘	台灣作戰可能艘數	台灣海軍
驅逐艦	25	16	2
護航艦	45	40	22
戰車登陸艦	25	22	12
中型登陸艦	25	20	4
柴電潛艦	50	28	4
核能潛艦	5	0	0
近海巡防飛彈艦	45	34	50

（「軍事研究」2006年9月號）

力來看，兩者之間的差距一目了然。

目前台灣所採取的防衛戰略是：

1. 和美日維持良好的關係（包括軍事方面）。
2. 全民國防。
3. 有效嚇阻，防衛固守。

「全民國防」指的是，不論在軍事、政治、經濟或輿論，不管是軍隊還是一般老百姓，都有保衛台灣的決心及意志。

「有效嚇阻，防衛固守」則是指保有強而有效的攻擊武器，使中國不敢對台灣輕舉妄動。

從〈表二〉可以知道，目前台灣陸軍的總兵力是13萬人。戰車1,800輛、火砲3,200門。和2005年比較，減少了兵力7萬人、戰車100輛、火砲800門。

攻防戰力有所謂的「三比一定律」。也就是說，攻防戰力比在三倍以上時，攻者成功；二倍時，結果不一定；一點五倍以下者，防者成功。從此原則來看，可以知道台灣目前的軍力是在危險邊緣。

根據〈表二〉，可以推算出中國人民解放軍空

軍及海空軍所保有的戰機合計有2300架。比2005年增加戰鬥機25架、轟炸機5架。而其中能飛越台灣海峽參與戰鬥，並且不需要中途加油的戰機約有700架。

反觀台灣的戰機，比2005年減少了90架，為330架。其中雖然有128架國產對地攻擊機「經國號」，但是沒有轟炸機。

以上述「攻者三倍」原則，以及美國國內法的《台灣關係法》第二條B4（「任何試圖以和平手段以外之方式，包括經濟抵制或禁運，決定台灣之未來，將被認為乃對西太平洋和平與安全的一項威脅，為美國所嚴重關切」）的保障，面對大量襲來的中國軍，台灣的空軍自信可以撐到美軍抵達，但是不要忘記，中國的第二砲兵有700座以上的SRBM（短程彈道飛彈）。台灣雖然有覺悟在遭受中國第一波SRBM攻擊時，便會損失重要的空軍戰力，並且自04年起在高速公路路段實施戰備跑道起降、加油、彈藥補給的軍事演習，不論如何，這並不是決定性的對策。

中國解放軍中顯著成長的是海軍。反過來說，台灣的海軍處於劣勢。台灣目前可用的柴油潛艦只有兩艘。台灣雖然也想要新購，但是各國受到中國壓力，不敢賣給台灣。結果台灣只好向美國訂購八

艘。但是由於美國只有核能潛艦,而不生產柴電潛艦,所以只得從設計本身從頭著手。因此到底什麼時候能交貨,目前不知道。

中國對台灣最大的威脅便是射程600公里的機動式固態燃料彈道導彈CSS-6(東風15)及射程300公里的的同型CSS-7(東風11)。導彈數為710~790枚,比2005年增加60枚(CSS-6:45枚;CSS-7:15枚)。性能較好的CSS-6比CSS-7多增加了3倍。台灣全境都在CSS-6的射程範圍內。

因此,中國在作戰開始的同時,便可以針對台灣政治、經濟中樞、防衛指揮中心、空軍基地(10處)、發電所、交通據點、金融據點攻擊以癱瘓台灣。如此一來,陷入恐慌的人民可能失去防衛的意志,求降屈服。

〈3〉美國的對中戰略與軍力調整

◆美國21世紀的對中戰略

在中國上空2萬6千公尺的地方,美國最先端的間諜衛星、宇宙雷達正監控著中國全國。巨眼望達鏡盯著中國軍事基地的動向,而集音麥克風則傾聽著任何的風吹草動。

這不是好萊塢的電影情節。自2006年起，美國最先進技術的宇宙雷達不但可用太陽能發電，還有巨眼望遠鏡及超大集音麥克風，可以掌握中國核彈基地的任何小動作。

日本知名的記者日高義樹詳細分析了21世紀美國的對中戰略。日高說：美國換了超高性能的間諜衛星，很顯然是對中國急速增強的軍事力的警戒。在2006年3月7日發表的QDR（『四年期國防總檢報告』，Quadrennial Defense Review），也就是2006年～2010年的國防計劃報告書中，明確指出中國「有攻擊美國的能力」，並且表明美中第二次冷戰已經開打。在美中第二次冷戰中，美國最大的目的是「抑止中國飛彈及潛艦對美國本土的攻擊」。

美國國防情報部的幹部指出：「中國國內的社會不安、貧富差距非常嚴重。國民的不滿已經快要爆發。轉移國民不滿最有效的方法就是占領台灣。但是占領台灣需要時間；但如果是釣魚台群島，不但可以短期占領，也有相當的效果。」

由於美中冷戰和美蘇冷戰在許多方面都不一樣，因此日本也面臨以自己的力量在美中新冷戰中求生存的挑戰。而日本要如何在美中新冷戰中生存，首先得看清楚美國的對中戰略。

外界對美國的五角大廈有「好戰份子」的印象，但其實不然，因為打過戰的軍人大都反戰，美國國務院內也是鴿派居多。美國國務院反對布希政權的對中政策及戰略也是不爭的事實。前國務卿鮑威爾便曾這麼說：「我不認為中國是威脅。中國的經濟力變強，政治體制也朝向現代化，自然地也就會想要增強軍力。如果中國的軍力和美國在亞洲的軍力起了衝突，那麼周邊的國家當然會感到不安。問題在台灣。只要美國繼續維持在極東及西太平洋的軍力，一方面也不讓台灣獨立的話，那麼大概就不會有太大的問題發生。美國一直避免台灣問題成為導火線，今後也將會有妥善的對應。」

和目前位居布希政權主流的政治人物相比，前國務卿鮑威爾基本上同情中國，不贊成布希政權的對中政策及戰略。和前國務卿鮑威爾一樣，許多所謂穩健派人士並不喜歡甚至反對「美國獨霸」的世界局面。

布希政權的想法及作法將會決定21世紀美國的國防策略及對中軍事戰略。依據此戰略，將會左右美軍的部署及配備。隨著美軍新的部署，也會出現新的安保政策，新的安保政策將會決定21世紀的世界局勢及中國的定位。

由於範圍廣大，美國國內、華盛頓、甚至連布希政權內的意見都還在整合中。目前可以預見的是，如果能儘快將目前美軍在伊拉克的戰鬥告一段落，布希政權才能依自己的主見來決定對中軍事政策。換句話說，必須先解決伊拉克戰爭，才有餘力實施對中戰略。

然而，伊拉克國內的恐怖事件不斷，根據美軍的統計，2005年伊拉克所發生的恐怖事件計2千2百件。同05年，在中國所發生的暴動次數卻有5萬7千件。如果用中國領土為伊拉克的十倍來計算，中國每天發生的暴動次數為伊拉克的3倍。就結論來看，基本上，布希政權已逐漸並成功地設定了以中國為「有能力危及美國國家安全」的新軍事戰略。

◆美國國防報告研判中國情勢

雷根政權時代，美國國防部刊行『蘇聯的軍事力』，以正確評估共產世界軍事力著稱，除了成為各國的重要情報之外，也對蘇聯造成了相當的壓力。92年由於冷戰結束，世界局勢改變，有關蘇聯軍事力的國防年度報告也停刊。

之後美國開始研究中國的情勢。原先美國國防部作的是中期展望的預測報告書，此報告書指出了

鄧小平之後的中國民族主義抬頭，軍事費用大幅增加。95年發表了『東亞・太平洋安全保障戰略』，指出：「美國若不安定而持續提供此區域軍事力，那麼美國將會被別國所取代。」「別國」即指中國。

強烈左右美國對中國的認識是96年3月的台灣總統大選。中國在台灣首次的總統大選前夕時發射飛彈。當時美國緊急派遣了兩艘航空母艦進駐台灣海峽。

事後的調查發現，當時的情形比想像的還要危急。在中國試射的飛彈中，不但有M9，還有可以搭載核子彈頭的導彈。

美國議會非常重視這件事，因此要求國防部提出報告書。美國國防部於97年4月刊行『中國的軍事力』。雖然中國的軍事技術大多仰賴外國，但是其常備軍力仍然是東亞最強。隨著經濟能力的增加，將來很有可能在國內自行生產新銳武器。

美國國防部於2006年5月底向議會提出『2006年中國軍事力』報告，它可以說是美國對世界第三軍事大國強烈警戒的表徵。

其內容指出：中國持續的軍擴改變了亞太地區的軍事均衡。中國已在台中軍力中開始佔優勢，並且警告周邊的日本及東南亞各國：中國有可能以武

力解決與鄰國的領土及資源紛爭。除此以外，全美國已經在中國核彈的射程範圍內。中國對美國的威脅已經成為現實。

另外，中國3月發表2006年國防費用為305億美金，但其實際應約為2～3倍的700億～1050億美金。

美國米茲級核動力航空母艦的九號艦「Ronald Reagan」（雷根號，CVN-76）是美國在進入21世紀後第一艘成軍的最新銳航空母艦。「雷根號」的排水量98,235噸，乘員將近6千人，是美國海軍中最大的航空母艦。其性能、威力及可搭載人員，都遠遠超過預計於2008年進駐日本橫須賀基地的「George Washington」（喬治華盛號，CVN-73）。

「雷根號」光是艦身的建造費用就高達一百億美金。如果再加上IT網及船上搭載的航空機費用，超過3百億美金。此外還有護衛驅逐艦及巡洋艦、潛水艦，總加起來，費用高達上千億美金。

日本一年的國家預算約80多兆日元，而美國一群航空母艦一年所需要的費用便要十多兆日元。換句話說，日本一年的國家預算只夠支付美國12群的空母所需要的一半費用而已。

美國海軍便是用這麼龐大的預算來建立艦隊，

並且部署在西太平洋、東海、南海、印度洋，以建立屬於美國的世界秩序。

美國的航空母艦都配有一個載機聯隊（Carrier Air Wing）。配屬在「雷根號」的是美國海軍第11艦載機聯隊（Carrier Air Wing 11，CVW-11）。第11艦載機聯隊由5個飛行中隊組成，除了超級大黃蜂戰鬥攻擊機（Super Hornet）F／A-18E（24架），舊型的大黃蜂戰鬥攻擊機F／A-18C（20架）的第4飛行中隊，還有EA6B（Proler電子反制機）第一飛行中隊、E-2C（Hawk-eye鷹眼空中預警機）飛行中隊、C-2（Greyhound灰狗運補機）飛行中隊、多用途直昇機飛行中隊。中國想要開發航空母艦及建造許多J2型戰鬥機，就是為了要對抗美國強大的海軍。

根據軍事專家的估計，中國的空軍兵力超過5千架，從「量」來看是世界一流。美國目前正使舊型戰鬥轟炸機除役中，即使加上國民兵的航空機，合起來大約是4千架前後。雖然美國正在開發F-22、F-35等第三代戰鬥機，但數量還是比不過中國。如果就電子攻擊及雷達的性能來看，美國與中國的戰鬥機之差比，彷彿大人與小孩。美國的軍事專家指出：「美國的科學技術日新月異。目前美國和中國軍事技術約差20～30年，但是再10年，兩者

差距便會相距50年以上。」

　　如「雷根號」所象徵的美軍能力，可以知道中國在各方面都還不是對手。特別是第一線最強兵器的電戰機，是中國無法超越的瓶頸。

〈4〉第二次美中冷戰揭幕

◆胡錦濤失敗的訪美之行

　　被譽為美國軍事問題最高權威的前美國總統卡特的國家安全顧問布里辛斯基 (Zbigniew Kazimierz Brzezinski) 分析：「冷戰時代，美國的敵人是蘇聯。美國的威脅來自蘇聯的政治意圖。然而中國不一樣，中國威脅美國的，並不是政治意圖而是軍事能力。」

　　中國政府「自認」為世界超級強國。但美國政府並不這樣認為。2006年4月胡錦濤訪問美國，中國媒體試圖將這次的訪美宣傳為兩大超級強國的高峰戰略會議，並且想要向全世界製造「美中時代」的印象。中國政府也在私底下作各方面的疏通、遊說，希望獲得「超級強國元首」的待遇。

　　白宮的確以「國賓」款待胡錦濤，也有21響的禮炮歡迎。但是卻沒有由白宮主辦、國賓應有的正

式晚宴（state dinner），也沒有發表共同聲明。

不僅如此，在白宮的草坪舉行記者會時，華裔美國籍女子王怡文突然大喊：「胡錦濤你所剩日子不多了」，之後轉向布希總統以英文說：「總統，阻止他殺人、阻止他迫害法輪功。」

這個兩國總統記者會前所未聞的事件，透過實況轉播，傳遍了美國。

其實，2006年胡錦濤訪美失敗的原因也和美國媒體等著看好戲有關。美國媒體對胡錦濤的態度並不友好，特別是紐約時報對於駐北京記者尚被關在中國，而胡錦濤竟然大搖大擺地來美國訪問，感到火冒三丈。胡錦濤訪美期間，美國的電視及新聞大量播放、刊載批評中國盜版、箝制言論、侵略西藏、迫害信仰、壓榨廉價勞工的節目及報導。

雪上加霜的是，胡錦濤參加了在華盛頓所舉辦的餐會。唱國歌時，司儀竟然口誤「中華人民共和國國歌」為「中華民國國歌」。

儘管胡錦濤訪美期間也造訪了波音公司，表示要買飛機，也和微軟的比爾蓋茲會談，企圖展現「中國要買很多美國貨」的印象，但是美國媒體不太搭理。

中國近幾年來雖然每年都有8～9%驚人地經濟

成長，但是國民流汗生產、賣到全世界所賺來的錢，並沒有回饋給國民。只有一小部分的都市及人民富了起來。中國是世界的第二經濟大國，GDP超過5兆美元，但是國民每人所得卻停留在赤貧國家的水準。原因是中國將所賺來的錢投資在軍力。財富沒有還原到國民手中，過大的貧富差距也引起了社會的不安定。但是中國政府能想到的解決方法卻只有鎮壓、鎮壓再鎮壓。

中國人常將自己貧窮落後的原因歸咎於「美帝阻撓中國的強大」。

2005年9月胡錦濤主席在聯合國演講時提到了「和諧世界」，溫家寶總理也於同年12月在巴黎綜合理工大學的演講中說到了「和諧世界」。以字面來看，「和諧世界」是非常美好的世界觀，但問題是中國的所作所為並不是這樣，中國不但沒有給自己的人民言論自由，還有文字獄及政治犯。美國要如何尊重這樣的國家，美國如何能坐視這種對鄰國及自己人民造成威脅的國家成為強國？

不遵守也不尊重國際法及國際社會常識，想要以自己的那一套橫行天下的中國若真的壯大起來，國際秩序肯定會大亂。中國向來以「任性胡來」出名。譬如中國與越南及菲律賓之間的南海群島主權

問題，中國就主張15世紀鄭和下西洋時曾經到過這些島，因此這些島就是中國的領土為理由，一點也不退讓。

中國為了要獲得石油，而和國際社會上惡名昭彰的蘇丹、奈及利亞及委內瑞拉等國的獨裁者及政治家交好。

美國有一段時間都在期待中國在各方面都能朝好的方向改變。第41任美國總統老布希在中美復交之後，住過中國一陣子，對中國有感情。第42任美國總統柯林頓更是親中而討厭日本。在任期間曾經破例訪中長達9天，而且沒有順道訪問日本。第43任美國總統小布希，也利用正在擴展的中國經濟來使美國景氣復甦。但是即使中國在經濟方面成功了，卻仍沒有意願發展民主主義，反而更加控制國民的言論自由，使美國開始感到不耐煩。

繼2006年3月7日國防部發表QDR之後，國務卿萊斯參加了在雪梨登場的美、日、澳「三邊安全對話」。萊斯在演講中表示：美國將和中國提起人權、宗教自由等問題；並且要求中國說明國防預算為什麼增加了百分之十四。萊斯說中國的軍事開支和發展是亞太地區的主要問題，她希望澳洲與日本在和中國就區域安全進行接觸時，能跟美國採取共

同的立場。

2006年4月7日小布希政權的國家安全顧問（National Security Advisor）哈德利（Stephen Hadley）便說：「中國是大國，有能力改變世界的走向。我們希望中國能成為民主國家，能和美國合作，但是中國卻完全朝反方向而去。」哈德利的看法象徵了布希政權對中國的失望及政策的轉換。

過去，小布希政權一直避免和中國政府對立，但結果是，小布希政權認定中國為「有威脅的國家」。

◆**核戰的可能性**

美國前國防部長斯勒辛格（James Rodney Schlesinger）說，過去美國約保有一萬發的核子武器。蘇聯崩解的時候，以一對一的方式放棄核武，因此目前剩下5千6百發。美國在冷戰後仍持續改良核彈頭。現在美國所擁有五千六百發核武的性能及威力，比冷戰時代還強。

例如全新的W88型，其核彈頭可以照準6000～9000公里外的目標，誤差僅在10公尺左右。美國保守派雜誌『The Weekly Standard』這樣報導：「中國不時被美國的5千6百發強力核武所瞄準。」中國

雖然自認在經濟軍事上即將「超英趕美」，但是，「受制於美國核武的中國，哪有可能成為超級強國？」華盛頓的軍事專家如是說。

前國防部長斯勒辛格更說，不論中國握有多少核武，「只要美國想，美國可以讓中國體無完膚。」也就是說，美國的專家有自信，即使中國開發核武，如果美國全力反擊，就可以使中國全軍覆滅。美國智庫的漢德森研究所這樣分析：「中國雖然開發了洲際飛彈，但是只有18發。」18發要怎麼和5千6百發比呢？

另外，中國對核武的看法根本是錯的。在這點上，北朝鮮也一模一樣。這對難兄難弟認為，只要能有命中美國大都市的洲際飛彈，就算對美國起了抑止及對抗的效果。

的確，在冷戰時代，美蘇兩國是你一發、我也一發地競相開發核武。結果兩者誰也不讓誰，只能剛好打平。要用飛彈把飛來的飛彈射下來，實在太困難，因此雷根時代建立了新的飛彈防衛網。

蘇聯崩壞的最大理由在於，美國在歐洲所大量配備的短程核子彈道飛彈MGM-31 Pershing（潘興）。Pershing可以在15分鐘內使蘇聯受到毀滅性的打擊。也就是美國如果挨了一發，在15分鐘之內，

蘇聯就毀了。於是兩國原先維持的平衡一舉倒向美國，蘇聯束手無策。

中國雖然在砂漠建基地，但是美國不只有潛艦，還有無人偵察機在監視中國的一舉一動。只要中國敢對美國做出任何敵意行為，目前照準中國軍事及通信設施的350發洲際彈道飛彈LGM-30 Min-uteman（義勇兵）便會在30分鐘內將其毀於一旦。

美國的航空兵力以航空母艦為中心。平時，有六艘航空母艦及500架艦載機巡邏在太平洋上。美國海軍預計到2012年之間，每年打造兩艘核能潛水艦，每一艘費用為20億美金，並且在太平洋另外再配備8艘登陸用航空母艦，並且時常在海上待機，以防台灣、其他地區發生突變狀況。

2006年的QDR（『四年期國防總檢報告』）是美國對中國戰略的第一部。如同美蘇冷戰期間，美國意圖以軍力作後盾，來改變中國的共產主義體制。QDR視中國、印度、俄國為新興抬頭國家，並且以印度為美國最重要的戰略伙伴。美國對俄國在軍售及政治上雖有不滿，基本上還是認定美俄站在同一陣營。從另一個角度來說，美國視俄國及印度為同盟國，顯然也是為了要圍堵中國。

QDR將中國與伊朗、委內瑞拉、北朝鮮視為

同一等級，並且說中國是「潛在的威脅」。中國為獲得石油等地下資源，和非洲等恐怖國家交好，並且積極介入內戰，中國也派軍到奈及利亞及索馬利亞。

美蘇冷戰中，蘇聯的解體便花了40年。而美國對中國的圍堵才不過是最近的事。對美國來說，圍堵中國向外擴展的軍力是世界戰略中非常重要的一環。而軍事大國美國也是唯一有能力可以防止中國破壞世界秩序的強國。

〈5〉美中資源戰已經開打

麻六甲海峽位在新加坡西邊。長約800公里，卻非常狹窄。一年有50萬艘船隻通過。光大型船便有30萬艘。

日本所需的80%石油是從中東地區經由麻六甲海峽運來。麻六甲海峽可以說是日本經濟的生命線。不僅日本，韓國、台灣等亞洲經濟大國的石油、物流大都得經過麻六甲海峽。換句話說，如果中國軍能控制麻六甲海峽，日本及亞洲的經濟就會立刻陷入混亂。

日本目前還沒有注意到這個問題。根據CIA

最新的年度報告，中國經濟目前只佔世界經濟的5%，國民生產額是1兆9000億美金（2004年），但是卻消耗了相當於全世界8.3%的石油。如果中國繼續浪費石油，25年後，光中國一天便得消耗2千數百萬桶的原油。

日本知名記者日高義樹著有『美中石油戰已經開打』一書。2005年3月，BBC中文網在「透視：中美爭奪石油難免一戰？」一文引用了比爾‧里德利的文章：『中國和爭奪資源的決戰』：「爭奪地球資源的決戰已經開始。你能說出什麼資源的名字，中國就在大量地購買和消費這種資源。去年，他們消費了全球水泥的將近一半、世界其他國家銅消費總量的兩倍、全球煤炭的近三分之一、全世界鋼產量的90%⋯⋯然而，為了支撐如此瘋狂的經濟增長，你還需要一種比所有其他資源都要關鍵的商品。如果你不能得到足夠數量的這種商品，那麼，擁有所有其他資源都意義不大。這種維持世界運轉的最珍貴、最搶手的商品就是石油。沒有石油，你就一無所有，你的經濟將窒息僵死，你的軍隊將不堪一擊。」該文的主要結論是：中國對石油不斷增長的需求，將成為美國國家安全的頭號威脅。

2005年2月18日，美國紐約時報報導說：中國

米中石油戦争が
はじまった
アメリカを知らない中国は敗れる
A New Oil War Started!
China ignorant of America will lose it
HIDAKA YOSHIKI
日高義樹

PHP

如今是世界第二大石油消費國，僅次於美國。石油需求量首次超過了日本。

2005年2月17日，英國金融時報：石油輸出國組織16日說，為了滿足中國對石油不斷上升的需求，今年年底將產油量擴大到接近其最大的生產能力。

2005年2月16日，法新社引述中國國家發展與改革委員會能源研究所負責人的話說，中國的石油消費量將在2010年之前急遽上升，中國對石油需求的一半以上必須通過進口石油才得以滿足。

2005年1月20日，美國基督教科學箴言報發表的一篇文章分析說：如果中國和印度的石油消費量一旦達到美國石油消費量的四分之一，世界石油總產量就必須增加44%，如果達到美國石油消耗量的一半，全球產油量就幾乎需要增加一倍。

台灣的「中國化」教育：「中國地大物博，是全世界資源最豐富的國家，因此飽受列強的侵略及欺侮。假使將來能好好利用地下資源，中國肯定成為世界第一的富強國。」但其實，中國是個超級資源

貧困國。

也許古代中國曾經資源豐富過，但是之後，資源枯竭，山河崩壞，因此以百萬人、千萬人為單位的饑饉、饑荒才會周期性的發生。

今日中國所謂的「三農問題」，實際上也是生態學的問題。7～8億的農民每天收入低於1美元，再再說明並且證實了殘山剩水資源枯竭的情形，再加上最近的環境污染問題，可以說是已經山窮水盡。

中國要持續經濟成長，所不可欠缺的是「資源」。因此目前中國大量搜購全世界地上地下的資源，在各地展開資源爭奪戰。

日中在西伯利亞的地下資源爭奪戰，在日本也很有名。中國願意以1000億美金購買俄國遠東地區的資源，並支付所得利益的20%給俄國，外加再向俄國購買3000億美金的武器。如果中國的計劃成真，那麼中國將會和美國並列為石油大國。

中國自1993年從自給自足轉為石油輸入國。由於經濟的成長及規模的擴大，中國對石油的需求越來越大。做為石油輸入國，如果不能確保「海上防線」，一旦被美國封鎖沿海，所有的經濟活動便會應聲倒地。因此，隨著對外依存度的提高，中國必

須保有可以和美國對抗的海軍軍力。

◆第一島鏈海權爭霸

中國在軍事上有所謂的「第一島鏈」、「第二島鏈」。在「第一島鏈」及「第二島鏈」之間，是美軍勢力下的西太平洋。

第一島鏈指的是從千島群島、日本列島、台灣、菲律賓、西里伯斯島（印尼）東側海域所連成的島鏈。對中國來說，是阻止美國航空母艦部隊的第一條防線，島鏈若能在中國的控制及影響之下，是最好不過了。

中國的潛艦如果要穿越島鏈出太平洋，有兩條路線，一是從東海通過沖繩的宮古海域；二是從南海通過台灣與菲律賓之間的巴士海峽。前者幅員窄而水淺，容易被發現；後者水深，對潛艦再適合不過了。

中國進出太平洋的出口巴士海峽現在在台灣海空軍控制之下。因此只要併吞台灣，中國即可以自由進出巴士海峽，就算突破了第一島鏈。獲得台灣就是等於擁有第一島鏈上最強的不沉航空母艦。

中國海軍軍事學術研究所的姜志軍所長2004年元旦說：「中國的海域是一個被『第一島鏈』環抱

著的封閉和半封閉的海域。從防禦縱深來看，除了南海之外，中國沿海都東向太平洋的正面，『第一島鏈』距離大陸的縱深基本上都在200海哩之內。對於現代戰爭而言，這個距離絕對在有效的攻擊範圍之內；在『第一島鏈』封鎖下，我們的海上力量很難前進出到島鏈之外進行防禦。如果我們只能靠近岸防守，進行淺海作戰，那麼仗就在我們的家門口打，我們是內線作戰，將沒有多大的作戰主動權。」「台灣本來是中國天然的門戶，但如果搞不好，就可能成為別人攻擊中國的跳板。」「只要解決了台灣問題，所有這些海上安全的戰略問題就都迎刃而解了。台灣是祖先留給我們的非常理想的出海口，只要台灣在手，中國東入太平洋就豁然開朗。」「完成了祖國大陸與台灣的統一後，『第一島鏈』的封鎖自然被打破，中國軍隊就可以東出太平洋，擴大海防縱深，台灣海峽將成為中國國內一條安全的海上運輸通道。」姜志軍還恐嚇說：「背叛祖宗的，那就對不起了，祖宗留給我們的寶地一定要留下。任憑誰來干預，我們也不怕。」「中國不怕打。（台灣）打爛了，我們還可以再建設。」

　　也在同年，中國海軍的海洋調查船開始在日本最南端的領土沖之鳥島附近進行海洋調查。中國不

顧日本的嚴重抗議，多次調查日本於該地區的排他
經濟水域，一般相信，中國是爲了要取得在該地區
作潛艦戰時所需要的資料。

中國爲了取得台灣，必須在西太平洋海域部署
搭載核彈的潛艦。如此一來，如果美國介入台海戰
爭，中國便可以使用核子潛艦，阻止美國在日本橫
須賀及關島的航空母艦及核子潛艦的出動。

第四章

中國的基本難題

〈1〉農村人口過剩

根據2003年的『世界統計白皮書』&『世界國勢圖繪，2006～2007年』，有如下的統計表：

中國	2000年	2003年
耕地面積	1億3536萬公畝	1億5485萬公畝
農民人口	8億5368萬人	－
實勞人口	5億4000萬人	5億1057萬人
穀物生產量	4億413公噸	3億2207公噸
美國	2000年	2003年
耕地面積	1億7900萬公畝	1億5735萬公畝
農民人口	500萬人	－
實勞人口	302萬7000人	284萬8000人
穀物生產量	3億2532公噸	3億4588公噸

從以上表格可以看出，美國耕地比中國大，卻只需要302萬人便可以勝任工作。反觀中國，有高於美國17倍的農業人口，然而穀物生產量卻和美國相去不遠。由此可知，中國的農業人口太多。

　　再就所得來看，中國農民的平均每人生產量極低。相對於中國農民315元美金的年平均所得，丹麥農民年所得高於5萬美金。除去非洲國家，農民所得比中國低的，只有越南、尼泊爾及孟加拉。

　　如果就設備來看，中國每千名農民才有1台農耕機，印度為每千人6台，北朝鮮也有19台，丹麥更有1133台。雖然中國每千農民才有1台農耕機，不過大概也沒什麼關係，反正「人手」很多。

　　中國是農耕民族，又誇稱擁有數千年的農本之國的基礎，可是農業生產性之低，實在是天下奇譚。美國僅有300萬實際農業人口，且年年在減少中（2005年僅270萬人），但所生產的糧食占全世界輸出的一半。而中國擁有70%以上的農業人口，反而糧食不足，須仰賴進口維生。如果中國農民需要比美國農民多出十倍或百倍才能生產同額的農產品，那麼單純計算，頂多也只需要3000萬人或3億人便可。中國號稱八億農民，實際上頂多只需1～2億就夠了，那麼將其他的6～7億人視為農村的過剩人口

或失業人口，並不爲過。

〈2〉男女比率日益失衡

康熙、雍正、乾隆之治代表清朝的盛世。清康熙53年（1713年）頒佈了「盛世滋丁，永不加賦」的詔令，使人民不需爲了逃避「丁銀」而隱瞞人口。到了雍正年間，丁稅正式廢除，實施「攤丁入地」的新稅制。這是一項劃時代的稅制改革，將中國實行兩千多年的人頭稅（丁稅）併入土地稅。乾隆帝在位的60年期間，也是中華帝國的最盛期，中國的人口急速增加。

1661年時才2107萬的人口，到1741年（乾隆6年）時增爲1.43億人，1764年（乾隆29年）爲2.05億人，1791年（乾隆56年）突破3億人。

人口的過度成長，連乾隆帝都擔心了起來。他在得知各省奏報民數比康熙時多增了十餘倍時說：「生之者寡，食之者眾，朕甚憂之。」

中華人民共和國建國後，毛澤東主張「人有一張口，也有兩隻手」、「人多力量大」，而更加速了中國人口的成長。以結果來看，乾隆帝顯然比毛澤東更有遠見，較接近馬爾薩斯（Thomas Malthus ,1766～1834）在1798年所提出的著名的「人口原理」。

中國的人口到底有多少？當趙紫陽總理被外國記者追問時，都不得不誠實地回答：「天曉得。」連一國總理都不知道自己到底統治多少人口，這也是中國政治的奇譚。不但如此，從清末100多年來，連中國政府機構的人口推計數字也都相差1億至2億不等。以往如此，現在也一樣。如2006年的國務院公式數字是13億600萬人，可是中國科學院國家委員會所發佈到2005年為止的推計數字是15億2000～3000萬人。

中國的人口問題除了過速的人口增加之外，還有老人及男女比例失衡的問題。由於一胎化政策使得中國的人口金字塔崩壞，據推算，到2050年時，中國60歲以上的人口將高達三成，也就是4億人。

男女比例問題也是中國社會的隱憂。根據剛出版的2006年『中國人口與勞動問題報告』（中國社會科學院社會科學文獻出版社），一胎化政策使中國的男女人口比例嚴重失衡。

2004年，女嬰100人比男嬰為121.2。在過去，1982年時為100：108.5人，90年為100：111.3人，2000年為100：116.9人，失衡的情形年年惡化。專

家認為，90年代出生的世代到達適婚年齡時，將會有10%的男性被迫打光棍。

中國男女失衡的問題，和傳統重男輕女的價值觀有關，一時很難改變。2004年國家計劃生育委員會的主要工作目標也還停留在加強取締「販賣女嬰」、「嚴肅查處溺棄、買賣、殘害女嬰的犯罪活動」。

〈3〉農民革命有名無實

中國歷代王朝的末期一定有農民的反亂及暴動。中國為了強調和其他國家「社會主義革命」的不同，稱中國的革命為「農民革命」。

中華人民共和國在建國之初，人口的九成以上是農民。在此先不論中國的革命是否真的能稱之為「農民革命」，但是中國農民的確從傳統的地主制度獲得了解放，只是還沒能從被犧牲的命運中獲得解放。

中國擁有全世界最大的農村人口，但是卻沒有「農民組織」。中國有工會、婦女會、共青團等高達1萬8138個團體，卻沒有所謂的「農會」。

日本的「農業協同組合」是世界有名的農民組

織，有一百多年歷史。台灣也有「農會」。2002年，陳水扁總統要推行農漁村的金融合理化改革之際，受到強烈的反彈，並且引發十萬人走上街頭抗議，陳水扁總統被迫停手。台灣農會在台灣社會的影響力可想而知。

反觀中國，中國農民自發組織的農民團體卻在農民革命的人民共和國建立之後一個個地消失，取而代之的是「政府」。在政府主導的「農村計劃經濟」時代，農民受苦於有如農奴收容所的「人民公社」；中國農民形容這段時間是：「辛辛苦苦二十年，一夜回到土改前。」終於熬到了「改革開放」，政府又以建設為名，奪去了農民的土地與生活，農民還是沒能逃出被政府搾取犧牲的命運。

不僅如此，農民還有「一稅輕，二稅重，三稅無底洞」的順口溜。「一稅」指中央政府抽的稅，「二稅」指地方政府加徵的稅，「三稅」則是鄉、鎮、村級的亂收費。

〈4〉農民九重苦

只要生於中國農村，便得代代背負著「九重苦」：

第一苦：**受盡剝削**。農民是中國社會的底層，也是社會主義權力結構的底層。他們從村到市，市到縣，縣到中央，一層又一層被課的稅竟然比都市住民還重。結婚要「結婚稅」，養豬殺豬得繳「屠宰稅」。中國農民的命運是被徹底壓搾。

　　第二苦：**教育難**。中國農民大多是文盲。中國人本來就認為農民沒有受教育的必要，因此農村子弟受教育的權利，長久以來被忽視，連教師的薪水也常常發不出來，有時甚至乾脆只給物資，當然教師品質好不到哪裡去，停留在小學畢業教小學，高中畢業教高中的師資。這樣的環境使得農村子弟根本無法受到好的教育。

　　第三苦：**移住難**。人民公社時代的中國，農村和都市是完全不同的世界。沒有都市戶籍的農民，世世代代都無法成為都市市民。改革開放後，農民雖然獲得了些許的移動自由，然而還未完全解禁，農民有到都市的自由，但是還沒有居住都市的自由及權利。

　　第四苦：**沒有社會保險**。對中國政府來說，農民與「棄民」無異。根據中國雜誌『爭鳴』2001年4月號中指出，中國農民每年因為沒錢看病而死亡的約有500萬人。其原因是，看一次病的診療費竟

然高達50～150元，相當於農民年收入的1／6。據推估，廣東省的農村感染肺結核的農民約為1800萬人，然而求醫者只有23萬人（『中央研究』2001年10月號）。

第五苦：**資訊缺乏**。生在中國農村，就註定一輩子被土地綁住，由於沒有機會受良好的教育，一旦逃離土地，便只能淪落為「流民」。既沒有機會受良好的教育，當然也就不懂何謂權利與義務，更別說如台灣農民有開發新品種、改良技術的能力。農民過的是五千年來不變的生活：「日出而作，日落而息」、勞動又勞動、勞動再勞動的生活。

第六苦：**資源缺乏**。農村不管地上地下軟體硬體的資源都缺乏。據統計，中國的鄉鎮政府的負債總額高達2000億元。在財政困難的情形下，不僅水利、道路、電力等基本的硬體設備缺乏；軟體資源如醫療、教育、福利也不足。中央財源分配時總是先想到都市，結果農民盡其一生勞動餬口、繳稅上納，卻仍然一無所有。

第七苦：**只有義務沒有權利**。文革之前，中國尚有屬於農民的農民組織。文革之後，一個個消失，到了現在，8億中國農民沒有屬於自己的類似「農會」的組織，取而代之的是「黨幹部」。在中

國，地方機構全部集中在都市。全人代（全國人民代表大會）雖然有「農民代表」，也只是表面的，既沒有發言力，也沒有影響力。因此在決定政策的機構裡，農民是缺席的。

第八苦：無法存錢及創業。如前所說，中國的農村普遍缺乏資訊資源、保健福利，因此農民也就無法積蓄資本。如果無法積蓄資本，也就無法改變現狀：既無法引進新的機器、新的方法，也不可能有新的技術，當然只能以五千年不變的傳統方法來養家活口。

第九苦：受到輕視。中國雖有8億農民，在社會中卻非常弱勢。農民由於政府無策，而失學、無知，飽受城市人的凌辱及歧視。2005年12月發生了一起3位女孩一起車禍死亡的交通事故，其中兩人是城市戶籍，一位為農村戶籍。結果城市戶籍的被害者家屬獲賠20萬，農村戶籍的女孩家屬只得5萬元的賠償金。同一起車禍，一樣失去生命，卻有如此不同的結果，恐怕只有農民革命的中國才會發生。

中國農民一直是改朝換代易姓革命的原動力，共產主義革命時，對地主進行清算鬥爭的主角也是農民。農民同時也是支持大躍進及人民公社的主要

力量。到了改革開放後，中國更是以廉價的勞動力來吸引外國企業的投資。八億人口的農村則是中國得以提供廉價勞動力的主要來源。但是農民為什麼卻還不能「翻身」？

因為，中國的農民問題既非政治經濟問題，也不屬於社會文化問題，而是生態學的問題。

中央政府並非無所作為，比如中央也發給了地方補助金，但是80%的補助金都在層層的行政機構中消失了，化為高達6千萬「農村指導幹部」的「飲食費」、「交際費」，真正到達農民手上的少之又少。

中國國家電力公司是中國最大的電力公司，1997年由國務院出資成立，在2001年美國財富雜誌評選的世界五百富中，名列第77位。這個公司的幹部年收入有30～100萬元。2002年發生總經理高巖捲款潛逃海外的事件。中國國民平均年收入是1000美金（2001年），農民的平均年收入300美金，但是國營企業年終獎金的金額竟然高達300萬元，是貧農一千年分的年收入。根據2003年2月號『動向』，電力、石油化學、能源等國營企業高級幹部不但年終獎金高達300萬元，還有外加別墅一棟的例子。

魯迅說中國是「人吃人的社會」，一點也沒錯。既有靠貪污搾取的暴發戶，也有世世代代備受壓迫的農民，這不是皇帝或共產主義可以解決的問題，是生態學的問題。

〈5〉三農問題

所謂「三農問題」，指的是「農村」、「農民」、「農業」三個問題。

在第十次全人代常務委員會議中，盛華仁副委員長指出「三農問題」如下：

1. 耕地面積和糧食播種面積大量減少。根據國土資源部與農業部統計，中國的耕地面積，1996年為19.51億公畝，2003年減到18.51億公畝。7年之間減少了1億公畝；糧食播種面積，1998年為17.1億公畝，2003年減到15億畝以下，是中國建國以來的最低水準。

2. 糧食產量連年下降。1998年的糧食總生產量為10200億斤，到2002年降為9100億斤，2003年又跌到8600億斤。

3. 農民增收緩慢，城鄉每人平均收入差距擴

大。2000～2003年的四年中，全國農民每人平均收入分別只比上年增加2.1%、4.2%、4.8%，並且和城市居民的收入差距在擴大之中。（2004年6月24日新華網）

在有關農業部門土地徵收的統計中也指出，在1987～2001年間，被徵收及違法佔用的農地高達4074～4420萬畝，失去土地的農民約有5093～5525萬人。失去土地的農民只能淪為流民流入都市。

中國自19世紀以來，便一直未能解決糧食不足的問題，並且得從外國輸入大量的食糧。日本每年也提供中國大量的ODA，過去聯合國也每年提供3500萬人份的糧食給中國，都未能解決中國的糧食問題。

中國歷代王朝興盛滅亡的關鍵都在「農民」。農民既可引發易姓革命消滅王朝，也可以建立王朝。

失勢的毛澤東便是利用農民的力量，將知識份子、文化人下放而重新獲得權力。在大躍進的同一年（1958），毛澤東實行了「中華人民共和國戶口登記條例」。這個剝奪農民移動自由的戶籍法，原來是為了要配合「統購統銷」計劃經濟，卻淪為「都市

民與農民的身份階級制度」。毛澤東雖然統一了中國，但是也使中國陷入貧窮。

大躍進導入「人民公社」之後，農民生產意願降低，更使得農業的生產量大幅下降。奇怪的是又出現了「田少糧欠土地薄，越窮越要生娃多」的現象。其理由來自「人民公社」時代的「七二一」分配制度，所謂的「七」，便是七成糧食依人口數來分配，換句話說，小孩越多，分配到的糧食也就越多，此後15年間，中國農村人口暴增，然而糧食生產量卻毫無起色。於是人口過多的農村越來越窮，和都市的貧富差距也越來越大。

了解農村現狀的鄧小平明白，要靠中國農業來發展工業是不可能的，於是推行「先富起來」的改革開放政策。其方法是在沿岸地區規劃「經濟特區」，引入外資，並提供廉價的勞動力。鄧小平的政策正好解決了因為人事費用過高的歐美日企業的問題，也吸引了台灣、新加坡、香港等企業的投資。但是另一方面，也加速擴大了農村、都市的貧富差距及對立。

〈6〉中國農民「求生不得，求死不能」

在農村工作了17年的鄉黨委書記李昌平，2000年上書給當時的總理朱鎔基。他的陳情書這樣寫著：「農村眞窮，農民眞苦，農業眞危險。」

2003年3月，就在溫家寶、胡錦濤分別剛就任中國總理及國家主席時，發生了震撼全世界的SARS。起於廣東沿岸的SARS直襲北京，被視爲當時中國的「國家危機」。當時最令人憂心的是SARS對農村的打擊，因爲農村大多醫療設備不全，衛生習慣又差，有的地方甚至連醫生也沒有，靠的是「祖傳秘方」。中國農民又由於草地、草原砂漠化，及農地被地方政府強行徵收的影響，多數被迫離家出外打工。但是到都市工作的農民及其子弟，不但無法和城市子弟接受同等的教育，連最起碼的醫療衛生保健制度也沒有。（李昌平『我向總理說實話』）

八億農民由於缺乏適當的醫療，使得農村的死亡率高達都市的150倍。（『動向』，2002年11月號）然而「農民的苦」不只這樣，根據中國國家自殺預防計劃研討會發表，每年中國約有28.7萬人自殺身亡，約200萬人自殺未遂，而在自殺及自殺未遂者中，約有八成是農民。喝農藥是大多農民自殺的方法。每年約15萬人喝農藥自殺死亡，喝農藥自殺未

遂的約50萬人。(『前哨』，2004年3月號)爲什麼會
有這麼多人喝農藥自殺未遂，據說因爲85%的中國
農藥是不合格的假貨。

中國多年來流行一個笑話：一個農民喝農藥自
殺，結果沒死，因爲農藥是假的；送到醫院打點
滴，結果卻死了，因爲點滴也是假的。

「中國三農問題報告」指出，在「1950～1978年
的29年中，中國政府透過農村各項或明或暗的徵收
制度收取『明稅』978億元，『暗稅』5100億元。
『暗稅』是『明稅』的5倍。在1979～1994年的16
年間，政府透過『暗稅』從農民獲得了1.5萬億元
收入，同期『明稅』總額爲1766億元，『暗稅』是
『明稅』的8倍」。此報告指出，各級政府「長期過
度搾取農村，使得農業經濟受到嚴重削弱」。

國家既然從農民徵收了這麼多「明稅」及「暗
稅」，想必多多少少有點回饋吧？其實完全相反，
就中國的國家財政支出來看，支援農業的經費年年
減少。1978年時尚有10%，近年來只剩3～4%，農
村的基本建設費只有5%，和第二級產業的34%及
第三級產業的61%相比，有如天壤之別。

據說，日本農會有一次舉辦遊中國的團體旅
行，旅途中被中國導遊問起職業，回答「都是農

民」，害得旁邊趁農閒時出外在飯店打零工的中國農民差點暈倒。對於在國內連遷徙自由都沒有的中國農民來說，團體出國旅遊、遊山玩水的日本農民簡直就是天方夜譚。

目前在中國，農村戶籍制度所引發的不公平、不合理飽受批評。鄭州市便從2001年起開始了戶籍制度的改革：「凡在鄭州市轄區內購買住房、具有中等專業技術學校以上文憑、與鄭州市企業單位簽訂勞動合同，並繳納社會統籌金的人，便可辦理遷鄭戶口。」鄭州市在實施新制度之後，一年之內人口增加了9萬2千人。由於都市設備趕不上人口增加速度，使得鄭州市犯罪劇增，社會保險費用擴大，學校學生的人數激增等等壓迫到了地方財政，於是一年後連忙喊停。

根據2002年9月9日國家統計局所發表的「2000年第5次人口普查」資料顯示，目前中國的流動人口約1億2107萬人，省內移動65%，跨省移動35%。新流民大多是從發展落後的四川、安徽、湖南、江西、河南、湖北到廣東、浙江、上海市、江蘇、北京市、福建等經濟較發達的沿海都市。

但是並非到了都市就有工作可做。到了都市的流民大多只能從事都市人不愛做的重勞動工作。因

為在都市，就算大學畢業的菁英份子，其就業率也才80%（『爭鳴』2003年2月號），畢業就是失業的傾向年年增加中。

〈7〉農民任人宰割，束手無策

「中國農民調查」是一對作家夫婦陳桂棣、吳春桃以三年時間在中國米倉安徽省所作的採訪實錄。書中詳實記述了「中央領導」、「地方大員」、「農村幹部」對農民的層層剝削及欺壓，負擔過重的農民奮起抗爭但卻慘遭迫害。此書獲得2004年「尤里西斯國際報導文學獎」首獎，但是在中國出版兩個月後即被列為禁書，禁止販賣。

在此書的引言中，作者說：「很久以來，農民在農村中的生存狀態如何，絕大多數城市人並不清楚。」連米倉安徽的農村都是「不通公路、不通電話」，生產方法是「刀耕火種」。「一年累到頭，平均年收入只有7百元，月收入僅有58元」，「有些屋頂還是樹皮蓋的」。這樣窮困的農村，卻因為鄉幹部的虛榮而被認定為「脫貧」階級，得負擔更多的「苛捐雜稅」。

以「中國農民調查」中的例子為例，利辛縣路

菅村的農民每人每年平均收入不過400元，但是農民得負擔的「提留款」竟高達103元。「不給提留就拘留」，控訴不合理的農民丁作明最後被公安活活打死。這個事件是農民在黨、政層層構造中飽受壓榨的縮影。除了多如牛毛的各種稅費，每換個「首長」，就又要蓋個「首長工程」，好讓新任「首長」能「留名」，作業績。

除了「首長工程」以外，還有「白條」盛行。所謂「白條」，就是「芭樂票」。支付遙遙無期的「芭樂票」，等於廢紙一張。黨政機關首長吃喝交際不給錢，便簽「白條」。寧夏同心縣一家餐廳告當地的黨政機關單位十年積欠「白條」5000張。而根據2006年6月12日中國青年報的報導，當地郵局也欠了另一家餐廳1932張「白條」。不僅官員吃喝「打白條」，連買賣農作物也「打白條」。不只白條，還有郵局支票的「綠條」，銀行的「黃條」。

「上有政策，下有對策」是中國的政治文化。但是在最底層的農民，只有「束手無策」而任人宰割。

連中國自己都承認城鄉貧富差距的問題。令人不解的是，中國農民所應繳的稅竟然比城市還重。都市住民的平均所得稅為37元，而農民則為90元。

不僅如此，國營企業也想辦法逃稅。國營企業的逃稅率是50%，鄉鎮企業60%，個體企業約90%。從前還發生過廣東省拒絕繳稅給中央政府的事件。當時中央政府動員5000名國稅局人員及武裝警察包圍占領廣東省的稅務局。中國人沒有繳稅觀念，可見一斑。

　　2002年5月時，前國務院總理朱鎔基說美國亞洲華爾街日報評出的「中國十大富豪」中，名列前茅的不少是政協委員，「請稅務部門調查了一下，看看他們交沒交個人所得稅，結果都沒有交。」朱鎔基又說：「我的工資超過八百元的都交了，爲什麼越富的人越不交稅呢？都不交稅，國家哪有錢，怎麼辦事業呢？」

〈8〉農村暴動日益頻繁

　　中國農村人口約有8億，但縣鄉鎮的「公務員」卻有6千萬人。換算起來，每15個農民得養一個公務員。清末時，每3百個農民養一個公務員即可，國民黨末期時，大約50個農民養一個公務員；到了文革末期，比例約爲30個人養一個人，目前則15個農民就得養一個公務員。而中國約有一億農民的年

收入不到500元，可是卻又得養一個月平均收入500元的地方級公務員，人民怎麼可能不反呢？

　　事實上，農民的不滿已經到達臨界點。根據日本外務省的調查，光2005年在中國各地所發生的暴動，大大小小約三萬七千次，如果連抗議活動也加進去，便超過7萬次。而根據中國公安部的報告指出，2004年在中國各地發生的抗議事件便超過7萬4千次。換句話說，光就暴動的數字來看，中國各地平均每天有一百次暴動、兩百次抗議活動。

　　由於農村及農業崩壞的現象像極了國民黨末期時的情形，中國於2000年1月召開了所謂的「中央農村工作會議」。

　　毛澤東革命時代的第一代領導人，許多來自農村，因此還算了解農村的問題；但是到了第三代江澤民、朱鎔基世代之後，就以都市出身且理工科系為多，因此三農問題惡化到不可收拾的地步。雖然胡錦濤、溫家寶等第四代國家領導者再再宣示要解決「三農問題」，但問題是「怎麼解決」？城鄉不但有戶籍制度、貧富差距，還有精神上的對立。由於社會結構不公，「妒富」、「仇富」心理普遍存在。

　　社會不穩定的心理狀態也反應在農民的抗爭型態上。以前農民抗爭是「上告」、「喊冤」。近年來

農民的抗爭活動開始有「組織化」、「暴力化」、「激情化」的傾向。警民衝突也越演越烈。就2005年12月10日在廣東省汕尾市東洲村的警民衝突為例，武裝警察開槍射殺了20人，50人下落不明，並且有數千名的鎮暴警察封鎖全村。紐約時報說這是1989年北京天安門廣場血腥鎮壓民運人士以來最大規模的鎮壓事件。

如果中國政府真的想解決三農問題，必先將這些寄生在農村的6000萬「幹部」全數資遣。可是光是資遣費用便高達年支出的一半。中國政府目前醉心於擴軍，已捻不出這份財政支出，只能讓這6000萬幹部「下崗」在農村，繼續魚肉農民。這是天命，五千年來，沒有任何神仙可以解決這一問題。

〈9〉農村致命的最後一擊：加盟WTO

中國農民所種植的農作物，其市場價格只有生產成本的90%。換句話說，生產越多，虧損越多，一點也不划算。加盟WTO之後，更糟糕，跨國企業挾其龐大的資本，高性能的設備，及經營的手法進入中國市場。廉價的農產品大量流入市場，加速農村的崩解。

以中國大豆市場為例，根據新華社報導，在1995年以前，中國一直是大豆淨出口國；2000年中國進口的大豆突破1000萬噸，成為世界上最大的大豆進口國；2005年中國進口大豆達到2650萬噸，是中國國內產量的1.6倍。

　　中國每年的大豆需求量約3500萬噸，中國農民每年可產大豆1700萬噸左右。需要進口是事實，但是如果加上進口的2650多萬噸，很顯然就是過量。結果，生產力較低、價格較高的中國大豆便賣不掉。不只農民的收入受到影響，周邊產業如大豆加工業、榨油廠都跟著受到打擊。

　　就大豆來看，中國種植的是傳統的大豆，不論在耕種技術、方法都跟從前沒有兩樣；對於只求溫飽的中國農民來說，也不曾想過要研究開發大豆的品種，或者改良種植技術，以提高生產量，因此不論質、量、價格，都不是洋大豆的對手。所以加盟WTO之後，大豆農區便應聲倒地。據報導，光是黑龍江省便有一千萬大豆農民受到嚴重的打擊。當然，大豆只是其中一例，其他還有如蘋果、橘子、玉米，都深受打擊。

　　根據2005年10月新華社的報導，山西省農民收入的一半來自在外打工的工錢。也就是說，農民若

只靠種植，根本沒有辦法維持生計。以中國全國來看，2004年農村出外打工的人口達1.2億人。農村的窘境可見一斑。

流入都市的農民淪為「盲流」，成為社會、教育、治安的問題。但光靠中國農民生產的農作物又不夠十三億人口吃，不得不進口食材，這樣一來，又有更多農民的生活受到影響，放棄土地的農民越多，於是中國國產的農產量便更不足，需要進口更多的農產品，陷入無窮的惡循環。

中國國產農業產品比國際市場貴20%。如果中國政府遵守WTO的遊戲規則，讓廉價的外國農產品流入中國市場，中國農村將會立刻崩潰。

朱鎔基也承認：「三農問題頭痛不已。」

第五章

中國未來的難題〈一〉
社會經濟的十二大問題

〈1〉經濟持續成長的界限

　　中國近年來的經濟成長的確令人眩目，然而就中國兩千年歷史來看「中國的變動」，可以知道中國目前的情形「不正常」。

　　「中國的變動」有以下三個傳統的特徵：「政治巨動、經濟微動、文化不動」。對照此原則，六四天安門、蘇聯崩解之後的中國卻是「政治微動、經濟巨動」。因此，可以知道目前中國的狀況應僅爲「一時性」。

　　中國數千年來的鐵則是「一治一亂」。中國史上最安定繁盛、也持續最長的治世是清朝的康熙、雍正、乾隆的三帝時代。中國的治世之後，必有天

下大亂。其原因是中國社會自古以來便是由兩個社會所構成：極少數的權力社會與赤貧的農民社會。馬克斯・韋伯稱中國為「家產制國家」。前者壓搾後者。而這種構造，即使到了21世紀的今天也沒有多大的改變。當極少數的權力社會與赤貧的農民大眾社會發生不均衡時，便「天下大亂」。「天下大亂」的導火線往往起因於天災，如：水禍、乾旱。

比較改革開放後的中國經濟與日歐等先進國的經濟，可以發現以下三點特色：

1. 經濟基礎脆弱：近代經濟發展的歷史時間短淺，缺乏長期累積的經濟資源及資本，即使是稍微的變動，都可能帶來深刻的打擊。

2. 對外依存度過高：中國自古以來是實施海禁及陸禁的國家。十八世紀乾隆皇帝對前來要求通商的英王使節馬戞爾尼伯爵說：「天朝物產豐盈，無所不有，原不借外夷貨物以通有無。特因天朝所產茶葉、瓷器、絲巾，為西洋各國及爾國必需之物，是以加恩體恤，在澳門開設洋行，俾得日用有資，並沾餘潤。」（意思是：中國物產豐富，什麼都有，看英國這麼需要茶葉、瓷器及絲絹，就賞你一點吧！）

中國在改革開放前的對外依存率爲4%，到了21世紀初，卻已經高達70%。不僅資金及技術仰賴外國，連食糧及能源也都必須從外國輸入。其對外依存度之高，已經成爲中國的最大問題之一。

3. 社會主義市場經濟：自十九世紀以來，「中體西用」的想法便深植中國社會。意思是以中國傳統文化爲軟體，導入西洋物質文明的硬體。這個想法不但單純而且傲慢（難怪中國的近代化老是失敗）。更重要的是，中國有史以來一直是政治高於一切，經濟的運作並不根據經濟原理。因此只要政治有風波，經濟便可能立刻應聲崩盤。

〈2〉社會經濟基礎整備不足

改革開放後的中國經濟之所以能維持高度的經濟成長，主要是因爲：廉價的勞工及外來的資金及技術。換句話說，中國維持令人眩目的經濟成長中最重要的資金與技術，都是靠別人來的。因此也可以說，中國的經濟成長是「靠別人的經濟成長」。但一旦外資停止供應技術及資金，就不難預測中國

的經濟會立刻跟著停擺。

何況中國的對外依存度非常高，在改革開放前只有4%，而現在已經高達70%。對外依存度高，國內就容易受到外國經濟波動的影響。外國打個噴嚏，中國就會重感冒。

此外，另一個將會引起中國經濟不安的因素是，萬一外國資金停止流入中國，中國是否能自立更生？答案恐怕是否定的。因為中國十分缺乏開發技術的能力。雖然中國人號稱是全世界最聰明的民族，有影響世界的「四大發明」，還在「明朝時就發射火箭」，但是現今卻仍無法發展自己獨自的技術。

根據瑞士洛桑管理學院的「2002年世界競爭力年鑑」，中國的綜合排名是47個國家中的31名。和1999年的29名，98年的24名比較來看，中國有逐漸下滑的趨勢。為什麼中國被認定為沒有競爭力呢？原因在於缺乏技術開發力及革新力。

中國不但投資於技術開發的資金不多，也沒有積極研究新的技術。更糟糕的是，連教育的投資也都不積極。

中國驚人的經濟成長動力來自外來的投資。尤其台灣及日本的投資設廠，增加了中國數以萬計的

就業機會，並且帶動了地方的發展。最近投資中國和從中國撤資的企業數逆轉，進出中國的外資企業目前逐年減少中。

與中央政府不同的是，實際受惠於外資投資的地方政府最怕外資的撤離。

每年因為工作或觀光而訪問中國的台灣人約有366萬人，相當於台灣人口16%。台灣在中國設有分公司的企業約有5萬家，駐在中國的台灣人更高達60～100萬人。2003年，台灣對中國的貿易額便高達780億美金。自改革開放以來，按金融界的估計，投入中國的5,600億美金中，台資約占投資金額一半的2,800～3,000億美金之鉅。另外，台灣公司不但沒有語言上的問題，人員教育程度高，又熟悉美國及日本的市場，可以說是中國市場不可欠缺的人才。

〈3〉貧富不均加速擴大

改革開放後，中國從「社會主義計劃經濟」轉為「社會主義市場經濟」。本來社會主義國家的理念是「平等」，但是改革開放後的中國卻一面堅持社會主義，一面否定其原理。其象徵便是鄧小平

所說的「讓一部分人先富起來」。問題是「誰」先富起來？「誰」會先富起來？「先富起來」的人真的會如鄧小平所構想的「帶動和幫助其他地區、其他的人」嗎？

倒是高幹及官僚「先富起來」了。黨高幹及黨官僚總資產約有3兆7千億元，為全中國財富的70%；黨高幹及其家族所持有的股票證券佔個人所有股票證券的7成5。（『前哨』，2002年3月）根據2001年9月下旬中國社會科學院與國家發展計劃委員會農部的報告，1997年的農村人口為7億6千萬人，佔全國財富的16.5%，到了2000年，農村人口增加為8億4千萬人，然而所佔全國財富的比率卻降到12%。其中，更有1億農民每年收入只有500元。每日生活費1美金以下的極貧農，據推估大約有7億至8億。

貧者越貧、富者越富的現象也發生在農村及都市。根據2000年7月黨中央研究室、國務委員研究室、中國社會科學院針對「當前社會各階層的經濟狀態」所作的共同調查發現，2001年，全國人民的私有財產合計8兆5千億元。其中住在城市的5億人口的財產合計佔全體的96～96.5%，住在農村的8億多人的財產合計僅僅3.5%。擁有1千萬～1億以

上財產的人集中在北京、上海、廣州、深圳等四大都市，及江蘇省、浙江省、廣東省、山東省的沿岸都市。以西北地方甘肅省定西縣為例，當地的農民年收入僅有6百元。但在瀋陽的高級餐廳，一杯啤酒叫價1千元，一桌料理則要35萬。

前總理朱鎔基也承認中國過大的貧富差距，表示「痛心疾首」。然則朱鎔基只是「痛心」，大部分的中國人民卻得一生和窮苦及病痛搏鬥。

雖然如此，先富起來的暴發戶在中國並無法享福，因為他們的生命財產都不斷地遭受來自黑道的威脅，不得不逃出中國。

〈4〉失業人口逼近極限

共產黨一面將國內的人工費用壓到最低，一面棄置勞工權利、企業安全、環境污染等問題來引進外資，被酷評為無產階級的「開發獨裁」。換句話說，中國共產黨搾取其國內巨大的人口資源賤價賣給外資，再以此來操縱外資。

目前中國因為要舉辦北京奧運及上海萬博，各地一片「建設熱潮」，需要許多勞工。然而當都市地區的建設熱潮消退後，目前支持農村經濟的民工

面臨失業，民工回流農村，屆時不但農村面臨崩毀，還會發生歷代王朝末期常見的流民問題。

根據著名經濟學者李京文的研究報告指出，在2001～2005年之間，中國每年應製造2千萬人份的就業機會，然而中國實際上只提供1千2百萬個工作機會。

不僅如此，剛出校門的畢業生也面臨找不到工作的窘境，連中國名門大學的清華大學畢業生也都一職難求。

根據中國科學院・清華大學國情研究中心所出版的『中國國情分析研究報告』（2001年）指出，中國目前面對四大難題：「失業問題」、「加入WTO後產業構造的調整」、「貧富差距」、「環境問題」。而其中最重要的問題便是「失業問題」。

由於中國是社會主義國家，號稱沒有「失業人口」。然而，擁有巨大人口的中國要讓每個人都有工作，本來就很不容易。因此，便玩起文字遊戲，將「失業」美其名為「待業」。

改革開放後政府所公佈的「失業率」一直未能忠實地反映出實際的情形，其原因在於，農村的剩餘人口及「下崗」（解雇）的人口都不在其計算中。

有趣的是，中國的經濟越發展，失業人口也越

多。根據中國的官方數據是3.6%，而根據亞洲開發銀行的調查則約於8%，根據國務院發展研究中心的報告，則約在10%，並且預測中國加入WTO之後，將會上昇至15%。（『信報』，2002年3月7日）事實上，到2001年12月爲止，中國國有企業的失業人口爲2千5百萬人，一時歸休者爲350萬人，每年的求職人口爲1千2百萬人。

根據美國、香港、北京等三個調查機構針對中國十一個都市所作的調查中，在2000年6～7月間被解雇的人口約4000萬人。在主要都市裡，平均每4人有1人爲失業人口。（『台灣日報』，2001年1月31日）

按照中國經濟專家胡鞍鋼的計算，中國的勞動人口約7.7億，失業人口1.55億，失業率爲20.1%。並且今後5年必須製造4千萬個就業機會。

中國的失業人口數字，不包括農村的失業人口。如果加上農村大量的失業人口，當然是數以億萬計。

〈5〉呆帳數字無限擴大

由於政治的因素，中國的經濟十分不透明。甚

至連經濟專家也仍在摸索的階段，其實恐怕連中國政府本身也搞不太清楚中國經濟的實際情形。據專家們估測，中國目前的呆帳已經超過中國的國家總預算，高達30兆元。但是中國人仍然能樂觀而充滿自信地說「21世紀是中國人的世紀」。過去日本泡沫經濟時，4%的呆帳就讓日本社會愁眉苦臉地唉嘆：「日本完了」。由此可見中國人和日本人在個性上的不同。因此在研究中國所作的報告之前，應該先了解中國「危機就是轉機」的民族性，切勿太信中國過於樂觀的主張。

美國S&P（Standard & Poor's）推估，中國的呆帳至少佔其GDP的50%，若要將呆帳回復到5%，需要20年，且得花費5180億美金的經費。因此中國的呆帳問題目前只能「聽天由命」。

為什麼處理呆帳會變成「不可能的任務」呢？首先是拿國營企業沒辦法。中國國營企業不但不會賺錢，還虧損連連，但又沒辦法令其倒閉破產。根據美國民間調查公司的研究，光是中國國營企業的負債就高達5千億美金，這就已經超出了政府補助的能力範圍，因此，最晚10年，中國的金融便會面臨大崩盤。

中國金融會引起連鎖大崩盤的原因，除了國家

財政赤字以外，還有地方財政赤字，並且涉及中國社會特有的「三角債」構造。

　　所謂三角債，是計畫經濟體制產生的怪胎。在計畫經濟體制下，每一家工廠生產的產品不但必須按規定賣給上級指定的銷售對象，而且不准賣給非上級指定的銷售對象，即使銷售對象未付款，還得繼續供貨。於是形成甲欠乙、乙欠丙、丙欠甲的三角關係，稱爲三角債。當時由於交易雙方的老闆都是「國家」，問題並不嚴重，等到改革開放，改採市場經濟體制後，此一三角關係終於浮上檯面，變成嚴重的問題。許多剛到中國的外國企業都想不透，爲何一家業績不錯的國營企業付款會有問題（「台商張老師」）。中國政府自1998年起便開始著手處理這種特有的「買空賣空」的特殊構造，但是沒有顯著的成果，反而雪球越滾越大。目前中國每年的呆帳高達3百兆元，「三角債」將會是將來中國泡沫經濟崩盤的一大誘因。

　　除了呆帳，地下錢莊與黑金也是中國目前隱含的金融問題。流入中國的海外資金，其中一半來自台灣，大多數是透過地下錢莊。在日本的中國人寄錢回中國時，也大多利用地下錢莊而非正式的金融機關。

相反地，捲款逃亡時，也是利用地下錢莊將資金帶往國外。目前中國已經變身為世界最大的地下金融帝國。更令人難以置信的是，軍、公安、黨幹部與黑道勾結的情形嚴重，黨幹部同時也可能是黑道角頭，正是所謂「黑道治國」，真應驗了中國民間的俚語：「警匪一家，蛇鼠一窩。」

〈6〉對外依存率超限擴大

中國人最喜歡自吹自擂「四大發明」。但「羅盤、火藥、印刷術、紙」這四樣東西，世界其他各大文明也有出現，不免令人懷疑中國真的最早嗎？到了近代，就因為中國仍然沒能發明什麼，才需要在小學課本不斷強調「中國最偉大的四大發明」。

簡單說，中國老愛自居為「起源國」，只是為了強調中國「其實」也對世界有貢獻。反過來說，這是因為中國「其實」對世界沒什麼貢獻。暢銷書『中國可以說不』一書甚至強調：「中國在明朝時就已經試射火箭。因此美國的火箭不算什麼。」就算明朝時真的有試射火箭，那麼為什麼美國的火箭就不能算什麼呢？真是搞不懂中國人的邏輯。

實際上，自清朝以來，中國國內的基礎公共設

施一直依靠外國的資金及技術。「寄生文明」是中華文明的另一個特色。從前，中國各地如上海、重慶、武漢都有租界。以外國資金及技術所建的租界顯然比租界旁的區域更近代化。中國政府便從其中獲得點子：招徠外國資金來投資，順便利用外國資金來整備基本環境！

通常要招徠外資，總是要自己先整理環境，然後再邀請外國企業來投資，但是寄生型文明中國並不這樣作。深圳就是其例。中國所謂的深圳經濟特區便是現代租界，利用外國的技術與資金來整備基本環境，不論發電設施、港口、道路、鐵路、飛機場都靠外國來作。過了一段期間之後，便將這些設備、機器佔為己有。

日本卻剛好相反。日本自明治維新以來，什麼都靠自己。不僅日本國內，日本在台灣、朝鮮、滿州所建設的鐵路、港口、道路等基本設施完全都用日本的技術，日本的資金，以自己的手建立起來。這就是日本。

的確，中國在傳統上對科技比較弱。但是只要肯花錢，這是可以克服的。但我們看不出中國在這方面有作什麼努力。先從預算來看。

先進國家對技術的投資大約佔GDP的2～5%。

日本、台灣、韓國每年大約投資3～5%在技術研發。台灣與韓國雖然還不是先進國家，卻以和先進國家差不多的比例在開發新的技術。

反觀中國，目前頂多0.7%。最近的『NEWS-WEEK』才報導中國將技術開發投資提昇到1.1%。這仍然太少。

那麼中國如何引進高科技呢？用「偷」的。這幾年來，中國的「產業間諜」已經引起各先進國家的注意及不滿。年年都有中國產業間諜被逮捕的消息。不僅偷，還用「搶」的：強要在中國投資的先進國家轉移技術等等。

中國人是非常現實的民族，要中國人投資眼前看不到又需長年累月的技術開發，可以說是門都沒有。因此，中國至今仍然沒有馳名世界的品牌。占世界市場30%的中國，卻連知名的品牌都沒有，表示中國仍然無法走出低勞力、低成本的商品觀念。

〈7〉泡沫經濟近在眼前

中國在大躍進及文革失敗之後，便改變「經營方針」，改走「改革開放路線」，搖身為「世界最大的市場」。在檢視中國經濟之前，有幾個必須注意

的重點：

1. 即使在改革開放後，中國仍是「情報鎖國國家」。到了胡錦濤時代，更加嚴密控制言論。

2. 由於中國政府嚴格控制言論，外國學者專家必須透過中國的政府才能取得有關中國的情報及消息。因此「中國專家」就不得不和中國政府維持「良好關係」。結果，所謂的「中國專家」便在不知不覺中淪為中國政府的代言人。

3. 中國政府所發表的經濟成長率灌水不可信，已經成為世界的常識及共識。以中國農村的潛在失業率及大學畢業生的失業率高於50%來看（根據BBC的報導，2006年中國的大學畢業生人數為429萬名。而同年市場對大學畢業生的需求僅為150萬），就可以知道中國的經濟成長率絕不可能高達政府所發表的9%。

4. 「政治」才是一切。在中國，「政治」是歷史、藝術、體育、文學的一切準則。連人的一舉手一投足都可以還原到「政治」。當然經濟也不例外。影響「經濟」的，不是「經濟

原理」，而是「政治原理」。

「房地產」及「股票」是中國市場不透明的象
徵。中國政府自己也承認，中國人75%沒有房屋購
買力。但是中國各地卻都一片房地熱，房子拚命
蓋，但絕大部分的人都買不起。上海的浦東地區號
稱有全世界最大規模的超高樓群，但其入居率奇
低，甚至連基本的公共設施都不完備。

2000年之後，廣州等地的不動產價格開始回
跌，但北京、上海的房地產仍然以每年50%或一倍
的漲幅年年攀升。直到2005年上海不動產的買賣受
到限制後，不動產熱才開始退燒。

更令人百思不解的是，2002年中國股票大狂
跌，連中國的媒體都說：「若沒有第二次股票革
命，中國的股票市場已經完了。」前副總理溫家寶
也警告：「中國的股票市場是顆限時炸彈。」但是
外國的個人投資家仍僅靠中國政府所發表的數字，
及與中國政府關係良好的媒體、「中國專家」的分
析，前仆後繼地將個人資產投入中國市場。2003
年，從日本流入中國的個人資產便突破了3千億日
元。

中國市場的「謎」還不止如此。中國每年流到

外國的資金大約500～600億美金。相當於每年外資對中國的投資額。也就是外資的對中投資只不過剛好扯平中國官員的貪污，形成外資投資中國而中國官員想盡辦法運出中國的畸型現象。

事實上，中國政府不是不處理不良債權，而是已經「無能」處理，目前只能等金融全面崩盤。

日本的媒體也是到了最近才開始檢討中國泡沫經濟的可能性。雖然各種分析資料還談不上齊全，但是各界大都同意中國泡沫經濟的崩壞只是時間的問題。

但經濟學家對中國經濟的分析也不能盡信。因為，經濟學家是根據經濟原理的經濟知識來分析中國的經濟，但中國的市場經濟並非根據經濟原理。在中國，政治及軍事才是老大。

因此，根據經濟原理的專家意見並不適用於中國。譬如，相當於GDP的5分之1及4分之1的貪污及賣春所得應適用哪個經濟原理？外國的經濟專家對「貪污經濟」幾乎都不專門。

被譽為20世紀最偉大的經濟學家，哈佛大學榮譽教授John Kenneth Galbraith便斷言，「中國的泡沫經濟一定會崩壞」，只是不能預測是什麼時候。

唯一能預測的，只有中國政府。像中國這樣朝

令夕改的國家，連何時要崩壞，都可以由政府決定。

但中國人是善於謀略的，既然泡沫經濟的崩滅無法避免，那麼也得選個對中國最有利的「黃道吉日」，最好再拉個可以推卸責任的倒楣鬼一起下水。

就時機來看，目前大多認為在上海萬博或北京奧運的前後。對中國而言，「大拜拜之前」比「大拜拜之後」有利。因為如果在「大拜拜」之前崩壞，接下來還有「大拜拜」，還有流水席，可以向世界及人民製造「恢復中」的印象；如果是在大拜拜之後，就真的會一蹶不振而亡國亡黨了。

另外，選擇金融崩壞時機的上上之策，是找一個可以轉嫁金融崩壞之原因、責任及人民怨氣的替死鬼：譬如日本。近年來的瀋陽日本領事館事件、日本人留學生短劇事件、反日暴動、反日愛國遊行等等，都可以視為「都是日本人不好」的轉嫁責任的預習演練。除了「都是日本人不好」以外，也可以是「都是台獨不好」、「都是美帝的陰謀」。這些都是中國人擅長的一段台詞。

〈8〉環境崩潰引爆國內外危機

每年初春，日本的天空就會蒙上一層黃砂。從中國飄來的黃砂是酸性毒砂，不但影響日本的空氣，還會引起氣喘及支氣管炎等疾病。不只日本，韓國也深受其害，黃砂嚴重的時候，飛機甚至無法起降。連遠在南方的台灣，也會下起黃雨。2006年4月12日正在中國訪問的美國環境保護局局長強森，在接受英國經濟時報的訪問時強調，中國的大氣污染已經直接影響到美國。就在同年的4月18日，新華社報導在17日一天之內，砂塵暴帶來30萬噸的黃砂傾注在北京市內，其空氣是最嚴重的五級重度污染，光是中國國內便有二億人受害。

黃砂問題起因於中國過快的砂漠化。中國砂漠化的土地面積高達263萬平方公里（「2004年中國第三回全國砂漠化調查報告」）。台灣的面積為3萬5980平方公里，換句話說，中國已有相當於台灣73倍的土地砂漠化，並且還在加速擴大中。

中國的水資源總量為2.8兆立方公尺，排名世界第六。但是每個人分配到的水資源，卻只有世界平均的4分之1，排名世界第109位。簡單說，中國的水資源不足。在中國國內六百個都市中，有3分之2的都市缺水。2006年夏天，四川大旱災，光是重慶地區便有1400萬人取用飲水困難；長江重慶段

航道水位達到一百年來最低點，渡輪停航。（『新京報』，06年8月13日）

不只長江，連中華文明的母河：黃河，近來也常常發生斷流的情形，更由於水污染的問題，黃河之水既不能喝也無法作灌溉。黃河瀕臨死亡。

中國不但有缺水的問題，還有水污染問題：未經處理的工業廢水、農業廢水直接流入河川。以上海來說，符合國家標準的飲用水只有1%（『文滙報』，01年5月16日）。2005年12月28日，中國環保總局副局長張力軍承認：「中國90%城市的地下水受到污染。」（中新社）

日本產經新聞曾經專門報導日漸沈入污泥的中國。鄭義的『中國之毀滅』中，曾指出中國每一年的經濟總生產所帶來的毀滅性公害等於三年份的破壞。中國的改革開放政策，特別是高成長的經濟政策，到頭來是走向毀滅的文明自殺。

根據『中國統計年鑑』（1998），中國688個都市的垃圾每年平均爲1億多噸，並且每年以8～10%的速度增加中。大都市的郊外是一山又一山的垃圾山，堆滿了民生垃圾、工業廢棄物、重金屬、化學廢料、糞、尿等等。

根據2006年9月中國東海漁政監督管理局的報

告，中國漁船每年在東海上任意丟棄高達數百萬個漁業用電池，使得東海的魚類及貝類受到廢棄電池殘留的重金屬水銀污染。

中國的石油資源耗竭，從1993年開始從外國輸入石油。到了2002年成為世界最大的石油及瓦斯輸入國。中國地大人多，能源的消費當然也多。然而中國的能源利用效率只有美國的4分之1，日本的9分之1，低劣的能源利用效率又加速了環境的污染。以中國的人口來看，中國目前最優先的課題應該是「如何有效利用資源」。目前中國汽車所有率是每千人約1～2台，如果中國的汽車所有率達到日本或德國水準，那麼就至少需要6億台汽車。試想若中國有6億台車在跑，其所需要的能源真令人不寒而慄。過去，中國人老愛自讚自賞中國「地大物博」，但是21世紀的中國已經淪為人口過剩的資源小國。如果中國再不加強節約的技術與能力，地球的資源遲早會被中國耗盡。

〈9〉黑道、強盜、乞丐橫行

根據北京『人民公安報』報導，2002年周永康在公安部部屬各局級單位主要負責人會議上說，中

共公安工作面臨八大問題：

1. 傳統安全威脅和非傳統安全威脅的因素相互交織，特別是恐怖主義危害上升，民族、宗教矛盾導致的局部衝突時起時伏。
2. 大陸內外敵對勢力不放鬆滲透、顛覆和破壞活動，「對敵鬥爭形勢仍十分尖銳」。
3. 法輪功等組織的「鬥爭」仍相當激烈。
4. 恐怖、反分裂鬥爭形勢極為嚴峻。
5. 犯罪和高科技犯罪增加，國家經濟安全、信息安全面臨更大的挑戰。
6. 犯罪活動嚴重，一些地方社會治安問題仍然相當突出。
7. 內部矛盾和社會熱點(焦點)問題增加，防範和處置群眾性事件壓力加大。
8. 隊伍自身存在問題，加強公安部門建設任務十分艱鉅。

分析以上八點，可以看出，中國除國內的民族、宗教問題，由於網路的普遍，使言論統制政策出現危機、社會內部矛盾所引起的農民及市民的反亂；還有「刑事犯罪」及「公安素質」等問題。

光就刑事犯罪來看，中國可以說是世界的超級犯罪大國。「什麼都假，只有騙子是真」的詐欺、強盜、土匪、路霸橫行，人與人之間無法互信。在『華夏時報』的報導中，根據公安部的統計，2003年立案的刑事案件約439萬件，其中舉發、拘留、逮捕的只有184萬件。也就是有半數以上的案件都告無疾而終。

根據中國公安當局的調查，中國全國約有一千萬的匪賊，其中規模較大的犯罪組織集團約有5萬多個。據推算，匪賊的被害金額約為1千億元（『動向』2001年12月號）。

假設中國公安的統計為真，那麼竊盜犯每人每年的平均「業績」大約為一萬元。和農民年收入只有500元的收入比起來，一萬元的金額可以稱得上是「萬元戶」了。

「黑道」和「強盜」又不太一樣。根據公安的調查，「黑道」人數是強盜的二倍，約為二千萬人。不但組織力強，還被稱為「第二」地方政府。

「黑道」以「經營」毒品、假貨（如假香煙、假鈔等等）、風化產業、走私為主。和一樣是犯罪的強盜比起來，「黑道」往往和黨幹部、地方官員有裙帶關係，對中國社會的影響力比較大。

根據『爭鳴』2001年12月號的報導，到2001年10月中旬爲止，中國全國在監獄服刑的有117萬200人，等判決的有74萬5000餘人；拘留中有103萬1000餘人，勞動改造教育中有81萬1600餘人，強制收監中有22萬5000人，總共約有400萬人。

十八世紀末，英王喬治三世的特使馬戛爾尼伯爵（George Macartney）向乾隆帝要求通商。使節團被拒後，一行自北京經陸路南下，由廣州乘船回國。『馬戛爾尼遣使中國記』（『An account of Macartney's embassy to China』）記錄了這一段旅途。裡面說沿途所見，不是強盜就是乞丐。

中國自十九世紀起即兵匪不分，兩者唯一不同的是，「兵」公然掠奪，「匪」暗地搶竊。民國以後，中國到了「無山不賊、無湖不匪」的地步，再加上兵匪、學匪，不僅東北馬賊跋扈，連大都市的巴士都需要兩位配槍的隨車士兵。

清末民初的名盜白狼（白朗）曾經帶領七萬餘徒眾，橫行華北七十餘縣，被稱爲「白元帥」。來往於兵匪之間二十餘年的軍匪樊鐘秀，曾一度成爲廣東軍政府孫文大元帥的座上客。土匪歸順時被編入正規軍，敗戰後又搖身一變爲土匪。

匪賊集團在民國時代，仍是左右軍閥內戰的一

大武裝勢力。

按朱新繁『中國農村經濟關係及其特質』一書所稱，1930年代的匪賊總數，依推測約有二千萬人。又按戴玄之『紅槍會』一書所記，自中華民國建國以來，中國沒有一地不出現匪賊，也沒有一年無匪賊的搶掠。

與戰前相比，改革開放後的盜匪人數的確已經減少許多，中國漸漸從「土匪國家」蛻變為「黑道國家」。

中國除「車匪路霸」之外，又有「撞車黨」和「鐵道游擊隊」。撞車黨是假借交通事故行搶的匪類；而「鐵道游擊隊」則是專門搶鐵路貨車的武裝強盜集團。

從1992到93年1月之間，在中國的鐵路及道路上發生的襲擊、強奪事件總共5萬2千件。其中3700名強盜犯被當場擊斃。

2003年，山西省、內蒙古自治區、甘肅省、青海省、寧夏回族自治區等六省區的鐵路沿線，先後發生了270多次規模性洗劫載貨列車事件，經濟損失10多億元。90多段鐵路線被破壞，鐵路部門的物資、火車車輛、鐵路設施等損失超過30億元。

規模最大的一次洗劫列車事件，有1萬5千多

名農民參與，出動了230多輛各種機動車輛裝載貨物，搬運貨物時間長達30個小時。

2004年1月中旬，西北、西南鐵路線在5天內就有10多列運貨火車、4百多節車廂物資被洗劫、搬運一空，直接經濟損失達1.2億元。

這種搶劫，顯然是有部署的，有企業、政府部門幹部勾結作案。內蒙古、青海、貴州等省區鐵路沿線農民、民工還公開把搶劫來的物資出售。

2004年1月16日，公安部要求鐵路公安和沿線武警要「六保一打」：保客運，保軍列、軍需，保專列，保特殊物資，保沿線隧道、橋樑，保鐵路線；打擊武裝團伙。

有趣的是「鐵道游擊隊」在作案之前，還會先發傳單昭告附近居民，要大家一起來分一杯羹，因此「深獲民心」。更妙的是，地方政府還會以低價收購贓貨，再高價轉售，從中牟利。理由是：「國家物資，人人有權享用！」

明太祖朱元璋是乞丐出身的皇帝。金庸小說裡的「丐幫」，不但是江湖一大幫派，還對抗蒙古人，保家衛國。

根據『爭鳴』（2004年4月號），除了西藏地區，全中國大約有1千萬以上的乞丐。連較富裕的江蘇

省、山東省也大概各約有20萬人左右。河北省、河南省、安徽省還發有爲期一年的「乞丐證」。

現代的職業丐幫不再使用打狗棒及降龍十八掌，而是「城里磕頭，家里蓋樓」，利用老弱病殘，或者是以小孩爲活的乞討工具。

根據中國時報的報導，2002年廣州發生了乞童揮舞「愛滋針」要錢的事件；2004年香港的星島日報報導了天天被「丐幫」頭子挖爛傷口的乞童事件；「丐幫」不但有組織、有地盤，根據中國媒體的報導，貧農出租小孩到城市行乞，或「仲介出租殘疾兒童」的事件層出不窮。

新中國的丐幫口令是：「城市是天堂，馬路是銀行，要上三年錢，回家蓋樓房。」

中國公安粗暴、逼供、收受賄賂、庇護黑道組織等嚴重問題，早已遭人詬病。中國高層不得已推動的「嚴打行動」中，查獲十多名與黑社會關係密切的縣級以上公安局長（2001年6月『香港明報』）。但是公安在地方胡作非爲的情形並沒有改變，自2003年7月起，中國在四個月的運動中裁退了33,761名因爲腐敗無能和犯罪的公安人員。8～11月期間，全國公安部門又裁10,940名濫權的公安人員。

但是情形還是沒有好轉，並且有「多元化經

營」的趨勢。根據中央社2006年10月22日的報導，陝西省山陽縣公安局副局長何奇，因爲敲詐勒索、搶劫、非法拘禁、販賣毒品、組織他人賣淫、放高利貸等罪名等被移送起訴。警察指揮服役刑滿的受刑人、黑社會在警民衝突中作手腳的現象也屢見不鮮。

中國公安部警務督察局副局長鄭百崗也承認，「中國確實存在警匪勾結現象。」以致有些地區在偵辦黑惡勢力案件時，不得不調動其他地區的員警偵察抓捕。「公安公安什麼都貪、稅務稅務什麼都污。」在中國人民的印象中，公安警察別說是「人民的保姆」，不但吃喝嫖賭，也包娼包賭，又和地痞流氓黑道土匪結成一夥，可以說是最影響地方治安的罪魁禍首。

公安之遭人詬病，除了「警匪一家」的問題之外，素質太差也是原因之一。公安部曾頒佈「五條禁令」，內容是：

一、嚴禁違反槍枝管理使用規定。
二、嚴禁攜帶槍枝飲酒。
三、嚴禁酒後駕車。
四、嚴禁上班時間喝酒。

五、嚴禁賭博。

酒後不能駕車、上班時間不能喝酒等等這種「常識」，竟然還得特地頒佈「禁令」，還要公安部部長周永康宣誓會「落實過硬」，中國公安的素質真是令人嘆為觀止。

助長公安濫權的另一個理由是經費不足。改革開放前，由於公安每個月的薪水只有37元，所以又被稱作「三七」。當然之後薪水有調漲，卻不是鄧小平「先富起來」的受惠者。

於是，公安便自己想辦法「先富起來」。譬如以民眾報案便索取「報案費」，巧立名目收取「罰款」等手法來「創造收入」。

在中國，如果在路上莫名其妙被警察攔下來，跟遇上「車匪路霸」沒什麼兩樣，與其主張自己的權利，不如趕快塞錢。在其他各國，如果在路上發生了事情，大部分的人第一個想到的是「叫警察」。唯有在中國，可千萬別叫警察喔！

〈10〉青少年日益凶惡化

中國的文豪魯迅說：從青少年可以預測一個國

家二十年後。近年來,「青少年問題」與「三農問題」、「貪污問題」、「貧富問題」被列為中國當前社會的難題。

從中國公安部門的統計數字來看,1982、1983、1987、1988年青少年犯罪高於一百萬件,1991、1994、1996、1998、1999年突破二百萬件,2000～2003年更年年高達4百萬件。

這是由於一胎化政策,在父母溺愛下長大的「兒皇帝」不但以自我中心,並且缺乏自制力及忍耐力。除了過胖等健康上的問題之外,還有焦躁、憂鬱、經不起打擊、厭世等精神傾向。研究青少年問題的中國專家說:青年患了幼稚病。

和偷竊、敲詐、吸毒等舊型青少年犯罪不一樣的是,患了幼稚病的青年非常凶暴而殘忍:他們往往光天化日之下持槍搶劫、強姦、綁架、殺人,並且自組幫派。

除了犯罪問題,還有未滿16歲少年酗酒問題。中國未成年的飲酒人口超過三億;未成年的吸煙問題也是社會的隱憂,青少年的吸煙人口每天就增加八萬人。(『前哨』2004年8月號)中國的香煙消費不但佔了世界的3分之1,也是唯一吸煙人口不減反增的國家。

紅衛兵貼大字報，上街下鄉，鬥走資派實權派、批黑五類牛鬼蛇神，雖然方法錯誤令人不敢領教，但是起碼還基於時代的使命感及責任感。網路時代出現的第二代紅衛兵則是一群懦夫。他們怕惹麻煩，不敢對中國國內的社會問題、政治問題有強烈的批判，轉而攻擊外國來發洩平時的不滿及鬱悶：「打倒美帝」、「血洗台灣」、「消滅日本」。2004年，在中國舉行的世界盃足球賽的預賽中，輸了球的觀眾對日本球隊倒喝采、丟椅子杯子、燒日本國旗、最後攻擊日本領事館的座車，連基本的運動精神也沒有，更別說什麼「地主國的品格」及「國際禮儀」了。他們也攻擊外國的網站，到處張貼恐怖的言論：「殺！殺！殺！」「死！死！死！」「消滅小日本！」更有懸賞攻擊台灣網站的「駭客比賽」。

　　令人遺憾的是，中國教育沒能隨著經濟一起成長。農村以外地區青少年的逃學率、退學率高達18%以上，中學肄業的青少年約在七千萬以上；另一方面，卻有一群生活在城市邊緣，無學可上的「民工子弟」。由於中國實施城鄉兩種戶籍制度，城市的公立中小學不接受戶口在外地的農民工子女。流動兒童即便能上公立學校，也得比當地城市

學生多繳高價的額外費用。「據統計，目前全國處於學齡階段的民工子女有240萬到360萬人之多。」（新華網，2002年）這些孩子通常不是輟學就去黑校（民工子弟學校）。民工子弟學校存在許多問題：不合法，教育環境簡陋，教師素質不齊；而輟學沒學可上的學生又很難逃出犯罪的惡性循環。

根據世界保健機構兒童保健協力機關2004年針對中國15個都市的0～6歲1萬7千名兒童鉛中毒的調查中，發現兒童鉛中毒率為10.45%。（新華網）

2006年9月12日中國甘肅省隴南市徽縣水陽鄉新寺、牟壩兩村爆發了大規模的金屬中毒事件。超過兩千居民被驗出鉛中毒。由於當地醫療資源不足，使得一半以上病患得跨省檢驗就醫。其中377名是兒童。當地原本就有許多兒童出現發育遲緩和智能不足等異常現象，經過長期追蹤調查後，才赫然發現這些症狀，是鉛中毒的現象。除了頭暈噁心外，鉛中毒還會導致發育遲緩和中樞神經受損等嚴重後遺症，並且智力受損。不只民眾的健康，當地水源和土壤也早已被嚴重污染了，連「明天的希望」的兒童也受到了精神及健康上無法挽回的創傷。

〈11〉資金大外逃

『戰略與管理』雜誌（2000年6月號）刊載了青年經濟學者楊帆的論文。文中說，20年來中國被挪用的國家資產高達30兆人民幣。

論者常說文化大革命所帶來的經濟損失約7000億元。但是和貪官比起來，「十年浩劫」的文化大革命實在不算什麼。

「無官不貪」是中國政治的常態。

「王土王民」是中國傳統的思想，普遍有「土地＝國有」、「國有＝天上掉下來」的思想，未把「土地」視為「資本」。

1988年4月12日，第七屆全代會通過了憲法第十條第四款的修正案。在「任何組織或者個人不得侵占、買賣、出租或者以其他形式非法轉讓土地」後，加上「土地的使用權可以依照法律規定轉讓」。於是，對有權蓋印章的地方政府高官來說，「土地」變成了「金礦」。1990～2000年廣東省政府買賣土地的收益便高達三千億元。不用說，其中大部分的錢都消失在「大官大撈，小官小撈」的口袋中。

諷刺的是中國在文化大革命時，把地主及資本家列入「黑五類」來鬥爭、勞改、迫害、肅清。改革開放後，地方幹部成為社會主義下的新型地主，奪取轉賣農民維生的農地來發橫財。

　　三峽大壩是中國官僚「貪贓枉法」的象徵。

　　是否興建三峽大壩，在中國也是備受爭議。大壩興建強行派的李鵬，在1992年向全代會提交三峽大壩興建工程的建設案，雖然獲得通過，但卻是全人代會所通過得票率最低的議案。

　　三峽大壩還沒開始興建就苦難多多。首先是120萬當地居民的遷移及補償問題。其中移民的安置經費便佔三峽工程總建設經費的45%。其龐大的金額成為各級官員覬覦流口水的對象。所以移民問題從一開始便出現嚴重的資金挪用問題。

　　原先政府答應補償移民每人約3600元人民幣，提供土地、住宅，還有教育費全免。但是實際到移民手上的只有政府答應的3分之1。換句話說，有2億4400萬美金消失在層層的機關單位。

　　譬如豐都縣國土局工作人員陳芝蘭拿來買股票，萬州區移民局出納員王素梅挪去當賭金，豐都縣國土局的黃發祥則拿去投資蓋飯店。較為有名的還有如重慶開縣副縣長熊聖中虛設假戶口盜領補償

金事件，還有2004年數萬生活流離失所的移民包圍萬州市政府的「萬州事件」。

雖然朱鎔基一再警告大小官員「三峽移民經費是碰不得的高壓電線」，但根據監察部的統計，三峽大壩工程中的瀆職侵權官員及黨政幹部高達407人，其中31人是副廳級幹部（『動向』，2003年2月號）。

工程預算也不停地調漲。原先說造價571億人民幣，1998年時預算上漲到2500億元，1999年，在朱鎔基的逼問之下，傳出要6000億元。

不僅移民問題，還有設備品質問題的醜聞也不斷。葛洲壩集團的三峽實業公司總經理戴蘭生，花七億元從國外進口一堆廢銅爛鐵；三峽經濟開發公司的總經理荊文超將三峽建設基金的12億人民幣轉入自己的海外帳戶後下落不明。

近幾年，外國企業每年約在中國投資500～600億美元。但是根據調查，2000、2001年每年也有佔國民生產總價6.2%的5500億至6000億人民幣的資金外流。扣除這些外流的資金之後，中國國民生產總值年增長率只有1%。當時的總理朱鎔基以「怵目驚心，舉世無雙」來形容中國國有資產資金外流的情形。

朱鎔基還指出了資金、資產外流五大路線：

一、透過商業銀行等金融機構；

二、透過海關、經貿、公安、外貿部門、對外
經濟等部門；

三、透過在香港特區、澳門特區的中資機構，
在歐美、日本和東南亞等國家的中資機
構；

四、透過現行監督機制和審計監察機制；

五、透過黨政部門、黨政幹部的特權。

2002年，中國官方「保守」估計捲款潛逃海外
的貪官污吏約4000人，50億人民幣。根據中國知名
經濟學者胡鞍鋼的計算，中國每年因為逃稅、政治
腐敗而造成的經濟損失約為9875億～1兆2570億元
左右，相當於GDP的13.2～16.8%。

事實上，中國的資金外逃（captal escape）的數字
驚人。自改革開放以來的20數年間，投入中國的
資金大約是5,600～6,000億美金。可是根據中共黨
中央組織部與公安部向國務院的報告書中指出，
至2005年末為止，「走出去」的黨高幹家族子女已
到118萬7700多人，所帶走的資產推計有6,000億美
金，等於進入中國的所有外資都被高幹帶走了。

〈12〉衛生醫療制度落後

　　中國國家領導人鄧小平、毛澤東等在接見外賓時，總不忘在桌子旁邊放個痰壺。筆者曾讀過日本知名作家林芙美子專訪鄧小平的手記。手記中提到了鄧小平在專訪中也是常常「咔～呸！」地吐痰。林芙美子還稱讚鄧小平的「功夫百發百中」。連國家領導人都能大大方方地在正式的場合「咔～呸」，中國的衛生程度由此可見。

　　上海為了擺脫「全世界最不衛生的都市」的惡名，大力推行了「七不」：不隨地吐痰、不亂扔垃圾、不損壞公物、不破壞綠化、不亂穿馬路、不在公共場所吸煙、不說粗話髒話。

　　隨著交通的發達，中國人的「沒衛生」已經嚴重影響到鄰國。根據WHO的估計，2002年中國B型肝炎的帶原者超過七億人。目前在中國各地蔓延的傳染病，除了B型肝炎之外，還有狂犬病、天花、痲瘋、包蟲病……等等。而台灣人更不能忘記的是在第二次大戰結束後，中國軍隊帶來了在台灣已經滅絕多年的天花、瘧疾、鼠疫，並且造成大流行，當時台灣陷入恐慌。近年來影響全世界的，更

有SARS及禽流感。

近年來日本的媒體報導了許多中國蔬菜問題。如中國產的香菇不會爛，冷凍菠菜的殘留農藥高達規定的二千倍，2001年在中國國內的抽樣調查中，47.5%的蔬菜含有劇毒的有機磷殺蟲劑，韓國檢驗出中國製的泡菜中含有大量的寄生蟲，吃了自己種的毒菜的中國人也深受其害。報導也指出，中國全國1千萬的聾啞人口中，有8百萬名是由於食物中毒而引起的。根據中國衛生部的統計，2004年有707萬7千人食物中毒（『動向』，2005年5月號）。毒菜以外，大量的劇毒農藥還會污染水質及土質，並且形成惡循環。

除了毒菜、毒水，還有毒藥，也就是「假藥」。中國每年因為有毒食物而死亡的人數約一百萬，假藥的被害人數約1千萬。每年因為濫用抗生素而死於副作用的人數約8萬（『前哨』，2004年3月號）。

1985年時，中國人的不孕率約為2～5%，到了20年後的2004年，卻高達10～15%。國際中醫學會便明白指出中國夫婦不孕的原因在於「環境污染」。然而農藥污染，水質污染，大氣污染，重金屬污染帶來的另一個惡果是中國各地連連出現無指、無腦、無耳、無性器的畸型兒。據說，中國身

障者（包括智能不足）的人數已經超過4千萬。

現在中國1億2000萬對夫婦之中，就有3000萬對患有不孕症，中國的環境衛生，特別是食品衛生，若無法獲得改善，預計50年後，中國人將亡國滅種。

過去，中國視性病為資本主義國家的「宿痾」，並且宣稱社會主義的中國沒有性病。因為這個理由，中國的病院不設「性病科」，只有持有外國護照的外國人才能接受性病治療。因此，大多數的性病病人不是放著不管，要不就是求助密醫及秘方。「特別是梅毒，每年有如燎原之火在擴大。」（『前哨』，2004年8月）根據WHO推估，中國性病的累計病例高於一億。但中國政府對性病醫療採取消極態度，也拒絕承認社會主義中國有600萬名妓女的存在（WHO，2003年）。不少專家認為，WHO的數字太過保守。世界最大賣春國的中國妓女大約是1500萬人，甚至也有3000萬人之說。而缺乏管理的妓女就是傳染性病最大的溫床。

除了性病，法國『解放報』（Liberation）記者皮耶爾‧阿斯奇著書『中國的血』，揭露了愛滋病患在中國的慘狀。由於中國國內從88年起嚴格限制國外製的血液製劑輸入，買血的需求暴增。貧困的河

南省政府便在90年代開始了「血漿生意」。人口將近一億的河南省從93年到96年間大力地推行了「採血運動」，然而粗糙的處理過程使得感染HIV的人數激增，預估有50萬人至200萬人。目前在河南省的幾個村莊中，HIV帶原者高達人口的一半。

「鴉片戰爭」已經是一百六十年前的往事了，但是「毒品」並沒有在中國根絕。根據中國公安的內部情報指出，中國有毒癮的常習犯約3100萬人，每年毒品消費總額約4千億元，每年約有30萬人因毒品中毒死亡（『爭鳴』，2004年9月號），更可怕的是，中國每4個人就有1個人有吸毒的經驗。

中國毒品的蔓延有其歷史背景，另一個遠因是芥子等麻藥的栽培成為貧窮農村的一大財源。綜觀中國歷史，自古以來王朝的滅亡都起於農民的蜂起或者宗教團體的抵抗，因此當局也不願自找麻煩，擋農民的財路，只是加強取締毒販。每年6月26日的「國際反毒日」更在各地公開處刑毒販，每年約有1千名被處刑，7千名被起訴。嚴懲販毒只是治標的方法，目前中國農村所栽培的麻藥，在黑道經營的化學工廠精製後，運銷到世界其他各地，這也是台灣、日本近年來毒品氾濫的原因之一。

第六章

中國未來的難題〈二〉
亡黨亡國的危機與軍備擴張

〈1〉黨國元老亡黨亡國的危機感

◆末代無產階級專政國家

根據馬克思的共產主義理論，要達到共產主義，必須經歷資本主義的長期發展才可能實現。而實現共產主義的第一步是革命，以無產階級取代資產階級，此政權稱為「無產階級專政」。「無產階級專政」再經過發展，便會成為共產主義社會。

中國目前的政治型態就是「無產階級專政」。到了21世紀，全世界的獨裁國家所剩不多，中國及北朝鮮便是最後的末代無產階級專政國家。

就近代世界的趨勢來看，要繼續維持獨裁國家近乎不可能。中國及朝鮮「無產階級專政」的政

治型態能維持到什麼時候？是政治型態的「活化石」？還是亞洲特殊的價值觀？已經成為政治學注目的焦點。

中國共產黨在文化大革命結束時，發表了「四項基本原則」（也稱「四個堅持」）：堅持馬列主義毛澤東思想、堅持社會主義道路、堅持無產階級專政、堅持中國共產黨的領導。目前實際的情形是：既不堅持馬列主義毛澤東思想，也早已放棄社會主義道路，更別說無產階級專政了，唯一最堅持到底的是：「堅持中國共產黨的領導」。

李鵬曾經說過，中國絕對屬行「三個沒有」：沒有多黨制、沒有三權分立、沒有私有財產。然而，20世紀人類最大的對決就是針對財產應私有還是公有而引發的，也就是資本主義及共產主義的對立。共產主義已經實驗將近一個世紀，其結果也已經很明白，東歐或蘇聯等共產主義政權紛紛倒台。而中國雖然表面上仍否定私有財產制度，卻早已經「有名無實」。

過去中國花了一個世紀追求民主，從辛亥革命、五四新文化運動……，始終不斷。中華帝國崩壞後的中華民國歷經了軍閥內戰、國民黨內戰、國共內戰，然後中華人民共和國成立，改革開放後也

有要求民主的天安門運動，但是中國至今尚未能民主化。

爲什麼？

梁漱溟（1893-1988）曾經說過，民主主義和中國在文化上不相容，因此中國絕對不可能民主。爲什麼中國不可能民主化？我認爲有以下四點：

1. 民主主義是小國原理，不適於像中國這樣的超大型國家。中國數千年來國家統治的根本原理是「中央集權」，也就是因爲屬行中央集權，才能維持天下統一。「中央集權」和「天下統一」可以說是中國的一體兩面：有中央集權，才能天下統一，才有中國。因此要在中國實行小國原理的民主主義，有其困難。

2. 「人治」和「法治」是對立的觀念。中國傳統最高的政治理念是「以德服人」、「以德治天下」，也就是「人治」的政治。但是「人治」和「法治」是對立的。「人治社會」和「法治社會」在社會構造上完全不相同。的確，中國以前有「法家」思想。但是「法家」和「法治」並不一樣。依照法家的思想，法家指向

「刑罰國家」，並不是「法治國家」，所以韓非主張維持社會秩序的手段是靠「賞罰」。

3. 易姓革命是中國的國家原理。中國歷代王朝的改變都是「易姓革命」。也就是用暴力奪取政權，並且用武力維持其政權。只要「易姓革命」不被否定，民主主義便無法在中國萌芽。

4. 中國人無法真正理解何謂民主。雖然中國也有民主運動的「民運人士」，但是「民運人士」大都也是民族主義者。這從他們對台灣的態度就可以很容易而清楚地看出來。他們只要一講到台灣問題，便說「13億人民的意見大於2千3百萬人民的意志」。民主主義絕對不是以強壓弱，以多壓小。中國的民主主義是「老子主義」，「老子」就是「我」，「我」最多，「我」說了算，對國內就是漢族，對國外就是13億人民。

溫家寶就任總理後的2003年5月，在國務院內務會議的政府工作報告中將目前中國所面臨的危機整理如下：

1.人民政府失去人民的支持與信任。

2.離實現法治國家還有一段距離。

3.政府機構改革困難。

4.政府官僚的腐敗引起了民怨、民憤。

5.金融機構「亂、混、假、雜」。

6.目前的中國無法證明社會主義制度的優越性及平等性。

7.社會貧富差距的兩極化、深刻化。

8.醫療衛生、教育危機的深刻化。

2006年2月胡錦濤在中央政治局擴大會議上說：「我黨正面臨著亡黨危機。」又說「領導權已經由蛻化變質欺壓人民的官僚所把持」，並且警告「一場政治性災難就要發生」。2006年初並新成立了兩個工作部門，以負責調查高幹在外國的資產及持有外國護照的情形。由於目前已知在海外定居的高幹家屬已經接近120萬人。對此，胡錦濤也要求培養「幹部的素質」。

有鑒於此，中央書記處向黨政幹部下達了「七不准」：「不准搞幫派、不准對中央陽奉陰違、不准未經授權在國外發表文章、不准洩露黨政國軍機密、不准公開發表與決策相違的言論、不准散播謠

言、不准家屬在社會上謀取利益。」

綜觀以上「七不准」，與其說是「培養素質」，不如說是更強化中央集權，要地方不要囉嗦的「封口令」。

胡錦濤曾經感嘆：「蘇聯74歲才壽終正寢，我們可能活不到70歲。」可見連黨國大老都沒有把握中國共產黨是否能長壽。中國亡國亡黨的危機感自1989年六四天安門事件以來就一直糾纏著黨國元老。最近，宋平又再度警告：亡國亡黨近在眼前，胡錦濤主席可能成為末代天子！

〈2〉中國軍擴的理由

中華人民共和國的國名既有「人民」又有「共和」，但終究是「中華帝國」型的國家。其國家原理是千古不變的易姓革命，不管國家最高權力者是「主席」、「總設計師」或「民族的救星」，都和皇帝型的指導沒有兩樣。唯一和中華帝國不一樣的，是主席沒有辦法世襲。

中華帝國的歷代王朝自秦始皇以來，一直都以「萬世一系」為目標，但仍有如秦、隋、五代十國一樣極短命者。崩壞通常都來自「內憂」及「外

患」，而且大多十分類似。

　　清帝國、俄羅斯帝國、鄂圖曼土耳其帝國、奧匈帝國都是近世的大帝國，但是卻同時在20世紀之初，由於無法抵抗時代的潮流而紛紛崩壞。到了20世紀末，社會主義國家群也因為同樣的理由而同時倒台。如果有人認為中國可以例外，那只不過是一廂情願的看法。

　　的確，中國很早便嘗試改革開放以求脫胎換骨，但是由於改革開放以來的經濟快速成長，反而加劇了亡黨亡國的危機。所以，中國的滅亡將不是由於「外患」，而是由於「自毀」的命運。

　　20世紀後半，國家之間的競爭和列強時代不同，政府的生存之道是：提供並保證國民自由的精神生活及豐富的物質生活。然而中國不但國民沒有自由的精神生活，豐富的物質生活也僅限於高幹。既然兩者都做不到，中國政府只好畫一個更大的餅給民眾充饑，那就是：「復興中華」。

　　「復興中華」可以說是今日中國發展軍擴的一大動機。中華人民共和國自建國以來，便常常以對外戰爭的方法來轉移國內的衝突與矛盾，如：中印戰爭、中蘇戰爭及中越戰爭。目前中國為了要渡過眼前日益加劇的亡黨亡國的危機，挑釁、攻擊台灣

的舉動及言論想必會越來越多。

◆侵略及擴張是中國生存的原理及條件

侵略及擴張是中國生存的原理及條件。也是中國維持政權的不二法門。

看中國的歷史就可以明白，中國的中心是中原，中原相當於黃河流域的中游及下游地區。以這個地區為中心，中國不停地向外擴張。它以「中原」為起點，有傳說的夏、商、周等王朝，接著還有春秋戰國時代。春秋戰國時代的中國領土在黃河及揚子江流域。萬里長城以北的騎馬民族的區域都還不是中國的領土。

在揚子江南側的江南（華南），有「楚國」。楚國再往南，便是百越及越蠻之地。

之後，秦始皇統一六國，建立了歷史上最初的統一王朝後，挾其軍事力開始擴張領土，征伐鄰近諸國。中華王朝最大的侵略戰爭是在漢武帝的時候。漢武帝如何擴張漢的版圖呢？漢武帝顛覆了當時的常識，翻越萬里長城而征服西域（新疆）。

漢朝在武帝時達到盛世，可是人口因征戰死了一半，反而開始衰微，漢的版圖再度縮小。之後歷經南北對立的南北朝時代、隋、唐，其領土也在擴

張及縮小中反覆。

　　大體來說，明朝的版圖是中國的傳統版圖，也是中華世界的原型。到了清朝，異族的滿人不但征服了明朝，也將內蒙古、外蒙古、新疆、西藏納入了版圖。就這點來看，清朝的領土是中國傳統領土的三倍大。

　　明朝的領土大約是360萬平方公里，清王朝則擴大爲1千萬平方公里。國家領土如何擴張三倍？當然是侵略。但是中華帝國卻說這不是「侵略」，是「征伐」。

　　中國從春秋時代就不停地「征伐」。嘴裡說是「德化」，其實是「武力」。要將非常多元的社會一元化，只能靠武力。中國的歷史再再說明了如果沒有武力，中國即不可能統一的事實。而中國的歷史便在王朝建立、武力擴張、王朝衰退、王朝推翻、王朝建立、武力擴張中不停地循環。

　　中國的朱成虎少將繼2005年7月6日在國防大學防務學院內部會議上揚言以「核戰解決人口問題」後，7月14日又在一場中國政府外交部協辦的記者會上說：「中國爲了解決台灣問題，不惜與美打一場核戰爭。」即使「西安以東的所有城市被摧毀」，如果美國干預，「美國人必須準備好數以百計，或

兩百個，甚至更多的城市被中國人夷爲平地。」朱成虎在記者會上拒絕收回他的發言。身爲中國國防大學防務學院院長及人民解放軍少將，竟在中國政府協辦的記者會上揚言要摧毀美國兩百個城市，引起了國際輿論的譁然。

這種「以人命爲芻狗」，並且時時以「中國不怕死人」來威脅國際社會的作法正是中國的傳統。早在1958年，毛澤東說：「核子戰爭還沒有經驗過，不知要死多少，最好死一半，次好死三分之一。世界二十七億人口死九億，換來資本主義全消滅……這不是壞事。」1963年面對赫魯雪夫警告中國如果執意發展核武將會「沒褲子穿」時，中國的外交部長陳毅便回說：「要核子也不要褲子穿。」

東京都知事石原慎太郎在美國演講時曾表示「美國打不贏中國」。因爲美國在伊拉克喪生2千多人，國內便抗議不斷，然而中國在文化大革命、大躍進中死了上千萬也不當一回事。中國人在聽到911事件美國世貿中心塌下來時的反應是：拍手叫好。

多年來中國一直堅信「要不受別人的欺負，不能沒有原子彈」(毛澤東)。鄧小平也說「沒有原子彈、導彈，我們就進不了世界三大角」。任何文明

的國家都無法了解中國這種以人命為芻狗的生命觀。中國以為只要有強大武器，拳頭大，聲音大就是國家強盛，就可以「贏得尊重」，便可以再度稱霸世界。問題是美國有那麼笨嗎？實際上中國所有的核武基地都在美國照準之下，中國的核武還未飛到洛杉磯，便已被美國的導彈打下來。過度的自信其實才是中國最大的危險。

◆中國法西斯

要對付中國，光靠分析及常識是不行的。2005年7月6日、7月14日中國國防大學防務學院院長朱成虎少將在國防大學內部會議上的講話，及在記者會上對美核武恫嚇，震撼了國際社會，並引起美國議會的強烈反彈，要求中國懲處朱成虎。朱成虎在演講中主張「與其控制生育，不如打一場核戰」、因為「這種方式是解決人口問題最有效最快速的方法」。朱成虎還主張：「與其被動挨打，不如主動出擊。」因為「核戰先打的先贏」。

朱成虎說：「我當然是巴不得別人死掉，我自己活下來，好繼續過幸福生活。」因此朱成虎明白地說：「我認為，我國政府應該丟掉一切幻想，把所有的力量集中起來全力發展核武器，爭取在十年

之內，儲備足夠消滅掉全球一半以上人口的核武器，並且放棄愚蠢的自毀長城的計劃生育政策，盡量多生，然後有計劃地向周邊國家滲透，例如，鼓勵人民大量向外國偷渡。」而攻擊的對象：「從韓國、日本、台灣到整個東南亞，一直到印度、巴基斯坦，都是主要打擊對象。」攻擊的方法：「在第一輪核打擊中就消滅掉他們大部分的人口，以免將來留下後患。在第二輪打擊之後就要盡可能地清除掉剩下的有生力量。」「第二輪攻擊除了進一步摧毀第一輪攻擊沒有清除乾淨的一些目標外，主要是針對北面的俄國，特別是其歐洲部分，並配合我遷移人員的行動，有選擇有針對性地打擊。」

「只要我們掌握了主動，正確地實行了先期的分散遷移工作，我們的人口消耗比例會比其他國家少得多，至少我們在西安以西的部分都能夠倖存下來，這樣我們也就在核戰後的世界格局中佔據了有利位置。」

「人口問題是無法真正有效解決的，只有核武器能夠解決這個問題，歷史會證明我今天所說的都是真知卓見。」

「中華民族必將在核大戰中得到真正的復興！」（摘自朱成虎將軍7月6日在國防大學防務學院內部

會議上的講話，記錄者：蔡長傑）

中國也是典型的軍國主義國家。

明太祖廢宰相制度，完全掌控政、軍。現在中國的領導者卻在明太祖之上，除了掌握黨、政、軍，並且還實行資訊鎖國，可以說是中國史上最強大的中央集權獨裁專制國家。

今天的中國不但是軍國主義國家，並且正在變質為法西斯。目前很多台灣人還未發現這一點，但是中國的民運人士及美國政府已經屢次指出，並且注意到了。其實從目前國內及國外的環境來看，中國已經不得不走上法西斯了。

譬如，原本標榜社會主義的共產黨政權，現在卻鼓吹和社會主義矛盾的民族主義及愛國主義。本來，右翼的極權主義和左翼的極權主義在性格上就十分相以，失去社會主義信念的中國朝法西斯發展，也就沒什麼好大驚小怪的了。

它和有民意基礎的希特勒不同的是，目前中國的第四代領導人既沒有參加過革命，也沒有民意基礎。因此如果現在的領導人沒有辦法給人民「中國強」的夢想，那麼就沒有存在的意義。這是胡錦濤政權法西斯化的最大理由。

因此，一方面擴展軍備，一方面也得向人民

洗腦宣傳：「中國強」、「21世紀是中國的世紀」、「中國可以說不」、「就算發動核戰，中國一定獲得最後勝利」、「中國的洲際導彈獨步全球」。

台灣人可能會認為人類都是「追求和平」而非「追求戰爭」的，但是，中國人的夢想和其他人類不一樣，這一點千萬不可忘記。

〈3〉自信過剩與時代錯誤

◆到底幾世紀才是中國人的世紀

1793年，英王派遣由馬戛爾尼伯爵率領的使節團訪問中國，但他們的通商要求遭到乾隆皇帝的拒絕。到了嘉慶的1816年，英王再次派遣阿美士德（William Amherst）使節團訪問中國。阿美士德因為拒絕向嘉慶帝行「三跪九叩」之禮，被驅逐出境。他在回國途中經過拿破崙被幽禁的聖赫勒拿島（Saint Helena），向拿破崙講述了自己在中國的經歷。

拿破崙其實並不了解中國，頂多只是讀過「馬可波羅遊記」（『Il Milione』），知道蒙古人及土耳其征服歐洲的「黃禍論」。拿破崙聽了阿美士德的中國歷險記後，有感而發地說：「中國一旦睡醒，世界將會為之震動。」這句話傳來傳去，最後卻變成

拿破崙說中國是「沈睡的獅子」。「沈睡的獅子」是中國人最喜歡的預言故事，到處充斥著「中國是獅子，只是還沒醒來～」、「中國就要醒來了～」的阿Q式言論。

百日維新時，康有為、梁啓超就曾說「20世紀是中國人的世紀」，但是20世紀前半期，中國和戰爭、天災就搏鬥了50年；中華人民共和國建國後的1958年，毛澤東說要「超英趕美」、「東風壓倒西風」，但是中國又和人禍、貧窮搏鬥了50年。眼看一百年就要過去了，中國人又改口說「21世紀是中國人的世紀」。不過到目前為止，21世紀仍沒成為「中國人的世紀」，美國、英國還是比中國強。

◆中國的面子與裡子

中國的學者專家最常津津樂道的就是世界銀行及IMF（國際貨幣基金）對中國經濟的未來預測：「中國在21世紀將成為地球上最大的經濟大國」。（人民網2002年11月24日）台灣的媒體也跟著起舞，大力宣傳「大中華經濟圈」、「中國經濟無限好」。

美國華盛頓大學國際問題研究所長、中國經濟權威尼古拉・拉帝（Nicholas R. Lardy）對中國過於樂觀的預測感到疑問。在其著作『中國市場經濟的實

態』中，指出中國經濟的絕對規模在2040年前絕對不可能超過美國，就算每人的成長率是美國二倍，要「超美」也得花一個半世紀。

那麼為什麼專家的預測和世界銀行的預測差這麼遠呢？據了解，世界銀行這樣捧中國是因為不想再借錢給中國。

中國既自滿是「經濟大國」，一方面又以「最貧國」接受經濟援助。因此世界銀行對中國的經濟發表樂觀的預測，那麼就不再需要每年支援中國大筆的經濟援助，可以將這筆錢轉給中近東等諸國。

另外還有一個目的是要促使中國加入WTO，開放中國市場。

自1985年以來，中國向世銀貸款170億美金，也向日本貸款。對於中國獅子大開口的借錢方式，世界銀行也非常不安，所以，未雨綢繆的世界銀行乾脆先發表「中國是經濟大國論」。

中國向外國所借的錢，在1994年時已經高達1000億美金；到2004年為止，光日本借給中國的「日元借款」金額便高達3兆1350.56億日元，無償資金協助1457.31億日元，技術協助1505.58億日元。

所謂「大中華經濟圈」，其實只是從90年代起

被炒作的一種泡沫經濟，是資本主義列強的資本及技術轉移時所產生的「海市蜃樓」現象。

〈4〉中國可能犯台以解決亡黨危機

◆中國對台政策的轉變

2000年中國政府發表「台灣問題白皮書」，一面說要「和平統一」，一面說「台灣問題是中國的內政，沒有義務承諾放棄使用武力」。不承諾的意思就是「不管台灣嫁不嫁老子、有沒有過門，都是俺家家務事，台灣敢不答應老子的求婚就打」。

但是從前孫文卻曾聲明支持台獨。孫文說：「我們必須鼓吹台灣獨立，和高麗的獨立運動互相聯合。」（1925年，『孫中山與台灣』）

不僅孫文，連毛澤東、蔣介石也表示支持台獨。毛澤東說：「如果高麗人民希望掙脫日本帝國主義者的枷鎖，我們熱烈支持他們爭取獨立的戰鬥，這點同樣適用於台灣。」（『紅星照耀中國』）

蔣介石也說：「總理以為，我們必須使高麗、台灣恢復獨立自由，才能鞏固中華民國的國防。」（1938年4月蔣介石『抗日戰爭與本黨前途』講話）

周恩來也在1941年1月5日發表「民族至上與國

家至上」的文章說：「中國共產黨要協助台灣的獨立解放運動。」

之後，中國共產黨改口說要「解放台灣」、「血洗台灣」，到文化大革命中期以後，又改口說要「統一台灣」，79年鄧小平說「一國兩制」，81年還未改革開放的中國說要「金援台灣」。

1990年代初，蘇聯及東歐等社會主義體制紛紛消滅，之後，社會主義國家將在地球上絕跡已經成為國際社會的共識。中國是最後一隻「恐龍」。儘管中國政府一再表示「四個堅持」、「社會主義市場經濟」，但是在改革開放的今天，恐怕連共產黨的高幹們也不相信。根據中央政治局在第十六回二中全會前對全中國一百萬黨員所作的調查報告中說：「85%的黨員信念動搖、喪失。」

於是，在國民已經無法再認同「社會主義」的思想體系之時，取而代之的便是「愛國主義」、「民族主義」。中國只剩下利用煽動「愛國主義」及「民族主義」來維持政權。

中國最新培養出來的「民族主義」在2005年春天的反日暴動中可見一斑。然而中國的「民族教育」是失敗的。因為中國本來就缺乏培養「民族主義」的土壤。

首先，一直以來最能代表中華思想之一的「華夷思想」（「王民」VS「化外之民」）及近代的「民族思想」，是在太平天國的「討胡」、義和團的「扶清滅洋」、到維新派及革命派的「中華民族VS大漢民族論爭」時才開始萌芽的。

但是中華民國一建國後，也不管人家願不願意就一把抓（其實是捨不得廣大的領土）成「漢滿蒙回藏苗傜」的「中華民族」。「中華民族主義」的提倡經過100年，如今中國還得繼續「教育」、「宣導」，可見所謂的「民族主義」在這一百年當中，並沒有在中國生根。從另一角度來看，也說明了「中華民族」融合的困難。

中國這一百年來，不但政治上的「社會主義國家」失敗，在形成「中華民族」的過程中，也培養出一群自大、自卑、目中無人的新一代。

◆中國民怨的渲洩口──台灣

胡錦濤在2003年9月的三中全會·黨中央政治局會議、2005年1月10日的中央紀律委員會第五回全體會議，及2006年2月中央政治局擴大會議上再三提到「亡黨的危機」。胡錦濤還說危機「不是減弱、緩和，而是加劇、激化。社會各種矛盾日益激

化，主要矛盾是人民群眾的利益與黨的執政和政策的矛盾」。

根據2004年10月8日香港『南華早報』報導，中國政府下令國內媒體不得擅自報導農民抗爭的新聞。根據中國官方雜誌『瞭望』的報導，2003年一年發生了5萬8千起民眾抗議事件，比前一年增加了15%。根據公安所發表的資料，2004年在中國各地發生的暴動及抗議活動高達7萬4千件。2004年在重慶萬州發生的重慶市政府包圍事件中，有5萬人參加。

農民抗爭的訴求不外土地被官商強取豪奪、官員的貪污及污染等問題。近來中國正值「房地熱」，政府官員違法強行徵收農民的土地後，再高價賣給財團及開發公司，使得許多失地農民因而走上街頭。如在2004年3月下旬，「要生存，要土地，要解放」的農民抗爭活動就擴及中國25省，計2千萬農民響應。

同年11月，四川雅安漢源縣農民為抗議水力發電廠興建所引發10萬農民遷村計劃，甚至綁架了四川省黨委書記張學忠。

另外，為了舉辦北京奧運而引起北京及近郊農民的抗議活動也不斷。2005年6月11日更有參與抗

議活動的農民被「不明」人士攻擊，造成6人死亡的事件。

還有，污染問題也嚴重影響農民的生活。2005年前半年，光是浙江省就發生了3起嚴重的農民抗爭事件。紐約時報報導，7月浙江省新昌縣1萬5千名農民衝進一家製藥廠，破壞裡面的器具並且要求停產。同月天能電池廠的一千名員工被附近的居民圍困在工廠裡，農民抗議電池廠所排放的鉛使小孩中毒。同年4月東陽畫水鎮的2萬名農民抗議竹溪工業區造成水污染及空氣污染，爆發警車被擊毀，百餘人受傷的警民激烈衝突。

中國國內的「種族衝突」一直是禁忌，但是近年來也漸漸失控。2004年河南省中牟縣南仁村的漢族與伊斯蘭教徒的衝突便投入了數千名軍人前往鎮壓。根據日本共同社的報導，2005年8月1日，1萬多名回族農民包圍了寧夏自治區固原市市政府，並且和武裝警察發生衝突。然而這項以少數民族為主的大規模衝突卻未見於中國的新聞或媒體。

政策錯誤，官員魚肉人民，民怨又高漲到極點，中國要怎麼辦？簡單，找個出氣筒、弄個假想敵就對了：「都是美帝的陰謀」、「都是日本軍國主義不好」、「都是台獨份子害的」、「中國不統一就沒

辦法強盛」。所以吾人當得注意，若共產黨發生政權危機，台灣將會成爲中國民怨的渲洩口。中國將所有的責任都歸罪台灣，同仇敵愾的士氣不但可以加強對共產黨政權的向心力，也可以消解民眾對政府的不滿及壓抑已久的鬱悶，此是面臨亡黨危機時的「回春丸」。

第七章

中印俄新三國演義

〈1〉東亞共同體

◆新大東亞共榮圈

2005年12月14日,在馬來西來召開了第一次的「東亞高峰會」。參加的國家除了東協(ASEAN,Association of Southeast Asian Nations)的10國(汶萊、東埔寨、印尼、緬甸、寮國、馬來西亞、菲律賓、新加坡、泰國、越南),再加上日本、中國、韓國、印度、澳洲、紐西蘭等6國參加。會中簽署了《吉隆坡宣言》。今後將就「政治和安全問題加強戰略對話與合作」,「推動貿易和投資的擴大和自由化」,努力推進「本地區一體化建設」,會中同意參加國為形成東亞共同體而努力,並決定今後定期召開首腦會議。

所謂「東亞共同體」，具體構想並不明確，但是根據參加第一次會議的日本外務省審議官的說明，是日、中、韓東亞三國與亞太諸國超越國家範圍，成為在經濟、社會、文化、安保的共同體，最終希望能成為類似EU的共同體。

「東亞共同體」顯然是以「歐盟」為範例。但是東亞各國和歐盟的情況很不一樣，因此組成東亞共同體，到底有益與否，許多國家都持保留的態度。特別是亞洲地區不但文明、民族不同，多語言又多宗教，各國國民程度及水準又差距頗大。

「東亞共同體」和從前日本所提倡的「大東亞共榮圈」的構想差不多。戰後，由於「大東亞共榮圈」的構想，日本飽受「軍國主義」、「霸權主義」的批評。沒想到這個構想現在卻換上新名字，重新登場。

最近，「東亞共同體」成為注目焦點的原因是，中國對「東亞共同體」的態度積極，並且極力排除美國勢力介入。換句話說，「東亞共同體」是由中國主導的「新大東亞共榮圈」，乃親中反美勢力的集結。

歐盟之所以能成立，除了在某個程度上有共通的歷史之外，還有共通的文化、文明、宗教，又有

相差不遠的國民水準，而且又同爲民主主義的法治國家。

　　和歐盟相比較，東亞各國幾乎沒有以上的共通點。有法治社會，也有人治社會；有民主主義，也有社會主義；各國之間的經濟差距及國民水準文化也有落差。譬如以日本來說，日本目前國內治安便深受偷渡及外國人犯罪之苦，共同體將會帶來日本社會的危機。

　　英國報紙『金融時報』便指出：「由於東亞高峰會的創設，中國將成爲此地區的經濟及安全保障的主角。」美聯社的新聞也指出東亞高峰會「眞正的目的是排除美國在亞洲的勢力，並確保中國的資源及安全」。

　　換言之，「亞洲反美陣線大聯盟」才是「東亞共同體」眞正的目的。

　　約翰霍金斯大學研究所Fukushima教授不客氣地的說，「排除美國的東亞安保構想必對東亞的安保是有害的」，「只是替中國的擴張主義披上羊皮而已。」

　　中國有如亞洲的黑洞。亞洲各國在經濟上從「東亞共同體」獲得利益之前，恐怕會先被中國吸收掉。中國最終的目標應該是藉此挑撥美日同盟，

排除美國在亞洲的勢力，並且孤立台灣。

　　的確，「東亞共同體」達到了加強通商的效果，但是各國仍然各懷鬼胎。中國想要獲得亞洲的主導權；日本當然不可能甘願當老二；還有人口可以和中國相比，近來抬頭的印度。要整合亞洲，還不是件容易的事。

　　中國提倡的「東亞共同體」決非嶄新的構想。除了戰前日本曾經提過「大東亞共榮圈」，馬來西亞首相馬哈蒂也於1990年左右提過類似的主張，也就是「東亞經濟協議會」（EAEC）。EAEC原本希望能結合ASEAN、日本、中國、韓國等，以成為世界最大的貿易圈。但是因為美國不願意被排除在外而反對。日本當時顧慮到美國的反應，態度消極。

　　EAEC雖然未能成功，但是也有APEC（亞太經濟合作會議，Asia-Pacific Economic Cooperation）組成。既然有APEC，為什麼又要另組「東亞共同體」呢？

　　簡單來說，中國希望藉由「東亞共同體」來建立中國主導的「亞洲新秩序」。中國所謂的「東亞共同體」，是東協十國加上日本、韓國、中國。

　　很明顯地，中國希望藉著「東亞共同體」來擴展中華文明及中華秩序。所謂「Chinese world order」（中華秩序），就是以中國的皇帝為金字塔的頂

點，或同心圓的中心。底下、周圍則是諸小國及朝貢國。

問題在中華秩序底下能有和平共存、互信互利的「共同體」產生嗎？

中國本身就無法自成一個和諧的共同體。舉春秋以來的吳越之爭為例，數千年以來，以上海為中心的吳人與以廣州為中心的越人就不斷在利害面、感情面衝突及對抗。不僅如此，中國又還有其他少數民族及宗教問題。

何況中國目前不斷地軍擴，而國際盲流、偷渡犯又以每年一百萬人左右的速度從中國流向世界及鄰近諸國。

中國一面接受日本的經濟援助，一面又在國內實施煽動「反日」、「仇日」。日本對中國越友善，中國便越霸道，最後連日本國內的教育、宗教都要插上一手。對中國來說，所謂友好，就是當中國的屬國。這是「中華」傳統的外交思想。

如果單就「東亞共同體」的魅力來看，可以舉為「經濟」，但是APEC已經負起了這項功能。如就中國所主導的「東亞共同體」來看，那麼可以斷言：一無是處。因為連中國都解決不了自己本身的經濟問題，並且已經面臨崩盤的危機，又如何能領

導亞洲經濟呢？各國又如何能在共同體找到共同的利益？

〈2〉中國亟欲確保中亞能源

　　中國所主導的國際組織，除了「東亞共同體」以外，還有「上海合作組織」（SCO）。「上海合作組織」的前身是由中國、俄羅斯、哈薩克，吉爾吉斯、塔吉克等五國所組成的合作組織。宗旨在關切各加盟國國內恐怖主義、民族問題及宗教基本教義派等問題。除了這些問題的連動及合作之外，並且以加強經濟、文化的交流為目的。在蘇聯解體後，中國希望能和北方的新興國家共同管理國界，因此上海合作組織也帶有軍事同盟的意味，另外和新興國家保持良好的關係與交流，也可以提高中國的影響力，確保中俄之間的安全保障。烏茲別克2001年加入上海合作組織；2004年蒙古，2005年伊朗、巴基斯坦、印度加入成為觀察會員。

　　2006年6月15日，中國國家主席胡錦濤在上海合作組織會員國的第6次高峰會議說，「上海精神」就是互信、互利、平等、協商，尊重多樣文明，並且希望能創造「雙贏」的局面。其實說穿了，是為

了發展經濟，中國需要大量的能源，為了確保能源，因此想要強化與出產石油及天然氣的中亞各國的關係。所謂的「雙贏」，就是產油國與消費國的互相確保。

在會員及觀察員中，伊朗及俄羅斯的天然氣儲量排名世界數一數二；2005年中國的中國石油天然氣集團公司才收購了加拿大在哈薩克的石油公司；烏茲別克是和美國交惡的產油、天然氣國家；印度和中國一樣需要確保能源以發展經濟；吉爾吉斯有豐富的水銀、金礦及天然氣；哈薩克不但產原油、炭、鋼鐵、還有銅、鉛、金、銀，其產量都排名世界前十名之內。

中亞新興各國雖然不致於「反美」、「仇美」，但由於歷史的因素，至少可以說是「非美」。俄國當然不希望中國對舊蘇聯國家有高於自己的影響力，除了希望維持自己老大的地位，也不願意讓在中亞搜括能源的中國威脅到俄國。總而言之，上海合作組織是中國排除美國勢力，確保本國能源，與鄰近各國遠交近攻戰的一環。

〈3〉中國的生存危機

◆資源枯竭

中國為什麼一直要擴展軍備？在東西冷戰早已結束的21世紀，彷彿已經沒有軍備的必要，但是中國卻非這樣想。

中國軍擴的目的除了保衛國內的社會主義體制之外，另一個目的是為了要解決國內資源枯竭的能源危機。也就是資源問題。

中國人教育小孩，說中國是個「地大物博」、「人口眾多」的國家。中國「地大」、「人多」是事實，「物博」卻是幻想。

中國歷代王朝的末期一定會發生水旱及飢荒。這並非巧合，因為中國歷代人口都超過了土地及資源的負荷。也就是因資源消失而引起自然環境及社會環境惡化的結果。

解決的方法只有擴張領土，增加可耕地面積來養活龐大的人口。但是領土擴張的速度總是趕不上人口增加的速度。

直到20世紀，包括西方各國也都相信，在中國遼闊的領土底下必定有豐富的地下資源，而中國是全世界最大的資源大國。到目前為止，即使台灣，也相信中國「資源豐富」、「地大物博」、「遍地黃

金」。

但是到了文化大革命之後，隨著改革開放、科技的進步，各國對中國資源大國的神話開始感到懷疑。中國目前正面臨非常嚴重的「電荒」、「油荒」、「煤荒」。就連生產的重鎮也得「輪流停電」，更別提一般平民的生活用電了。自90年代起，中國才開始進口石油，沒多久，中國所進口的石油已經超過日本，據推測，再不了多久，中國便會超越美國，成為世界最大的能源輸入國。不僅石油，中國在世界各地瘋狂地購買其他能源。不僅買，也「偷」。據說，台灣近年來常常發生的公共設施的地下水道蓋子失竊，及日本工地失竊的電纜銅線，都被偷賣到中國。

中國不僅沒有能源，也缺乏資本及技術。其實，中國最欠缺的是能創造資本及技術的「人才」。

人才有很多種，而中國最缺的是「企業家」。中國只有「生意人」，沒有「企業家」。中國當然也有優秀的人才，但是國民普遍的水準太低，杯水車薪。

◆人口過剩

從某個角度來看，「中國威脅論」是不得不的必然。

從20世紀到21世紀，中國人口持續不斷增加，目前則因為人口過多而面臨生存的危機。為什麼人口增加會是生存的危機？因為沒有辦法調度足夠的糧食來養活龐大的人口。所以中國瀕臨重大的資源問題。

資源並不限於「糧食」。以中國的人口來看，目前中國所有的資源都接近枯竭的狀態。

另外一個是，自改革開放以來的高度經濟成長。不管任何國家都不可能經濟成長維持幾十年。總會有陰晴圓缺。問題是一旦中國的經濟成長漸緩時，中國該怎麼辦？

即使今日，中國已經有農村人口過剩、大學生找不到工作、失業人口過多的問題，一旦經濟成長鈍化，中國能如何解決突然暴增的失業人口？

儘管現在中國可以從世界各地進口能源，支撐中國的經濟，然而地球的資源有限，以中國目前濫用資源的情況來看，將來各國一定會對中國的資源使用加以限制。

從以上幾點斷言，中國隨時都有可能發生巨大的變動。可能是第二次的文化大革命或大躍進，也可能是大革命。

以歷史來看，中國面對內在危機時，從來沒有改革、變法、維新成功，一直都是以暴力解決問題，以暴力維持生存。

中國堅持時代錯誤的「無產階級專政」也是一大問題。這種得掌握黨主席、國家主席、軍事委員會主席等三權、得像皇帝般君臨天下的國家會有未來嗎？

我認為沒有。亡國亡黨已經進入倒數計時中。

〈4〉巨象印度快速崛起

就在中國的成長成為全世界注目之際，喜馬拉雅山的南邊也有另一個「經濟成長神話」。

印度於1947年自英國獨立。它曾有一段非常辛酸的獨立史，好不容易獲得獨立之後，徹底實行了保護國產事業的政策，並且對外資設有嚴厲的管制。91年開始經濟自由化的政策。1990年代中期，經濟成長連續3年超過7%。之後由於世界經濟減速，經濟成長也跌到3～4%，但是到了2003年

又開始急速地成長，2005年度的經濟成長率高達8.4%。

才14年的時間，印度有了很大的改變。經濟自由化政策除了廢除許多限制及規定之外，也對外資採取較寬鬆的態度。2005年便有107億美金的外資流入印度。股票市場也成長了70%。印度的經濟奇蹟和中國不一樣的是，印度的經濟成長完全拜自由經濟的力量，也就是放寬產業限制的政策。而民間的私人中小企業、新興企業便可以在政府放寬的部分分食大餅。這當然會帶來貧富的差距，但是另一方面，政府的產業政策也使得約一億人口「脫貧」進入中產階層。

印度和以人工便宜取勝的中國不一樣的地方，在於印度的教育水準及英文能力。印度人卓越的數學能力聞名天下，數學家輩出，印度程式設計工程師也是世界知名。不僅如此，生物科技也是印度人的拿手專長。而且英文能力也使得印度人可以暢行無阻地進出世界舞台。

然而印度並非沒有弱點。那便是「環境的硬體整備」，例如高速公路、地下水道、環境設施等等建設都還不夠。另外還有高達7億的農業人口。中國高齡化的速度比經濟發展的速度還快。到2040

年，中國的高齡人口佔總人口中的比例將上升至28%。不必15年，印度將會擁有地球上最龐大、最年輕的勞動人口。

由於中國的治安越來越差，費用也越來越高，又常常有用水不夠的問題，使得外國投資中國的熱潮消退。根據日本經濟新聞2006年1月6日晚報報導，日本的投資信託正大量地購買印度的股票，光是去年便成長了49倍。

印度常常被拿來和中國相比的，還有民主主義的制度。和中國獨裁人治、朝令夕改、說改就改的環境比起來，民主制度的印度起碼令人比較有「安全感」。印度除了有選舉制度之外，還有宗教的自由、言論的自由，及政治結社的自由。但是印度的種姓制度仍十分根深蒂固，並且可能影響到今後的發展。

另外，恐怖份子在印度的活動也令人不安。2006年7月11日在孟買發生的爆炸事件，就有200人以上死亡，800多人受傷。這次的爆炸事件是以頭等艙的客人為目標，死者大都是工程師、銀行員及證券商。

根據調查，這件爆炸案可能是以巴基斯坦為據點的伊斯蘭基本教義派及印度國內的基本教義派

共同聯手。2006年10月27日，印度警方破獲了意圖炸燬南部卡納塔克邦議會的巴基斯坦武裝分子。

2006年11月1日IBM宣佈分別在中國及印度成立研發中心，2日全球第二大手機製造商摩托羅拉則宣佈在印度南部城市Hyderabad成立該公司於印度的第七個研發中心。IBM在中國雇用了7200名人員，但是在印度03年2785人，04年1萬5296人，05年1萬4046人，06年則有4萬3000人，也就是在短短3年內，IBM在印度所雇用的人數便增加4萬2000人左右，其中以軟體工程師為最多。不只IBM，美國的其他IT產業、生化產業也都競相在印度投資。

面積	3,287,263平方公里
人口	1,065,070,607（2004年）
人口增加率	1.95%
人口密度	324人／平方公里
首都	新德里（New Delhi）
GDP	8002億美金（2005年IMF）
外國對印總投資額	107億美金
語言	印度語，英語，其他17種地方公用語
宗教	印度教80.5%
	伊斯蘭教13.4%
	基督教2.%
識字率	64.8%（2001年）
體制	共和制

議會	兩院制（上院245席，下院545席）
國防預算	220億美金（2005年）
兵役	志願制
兵力	陸軍110萬人
	海軍5.5萬人
	空軍17萬人
核武	有

（億美金）

總貿易額	2001年	2002年	2003年	2004年	2005年
輸出	438.3	527.2	638.4	835.4	1030.9
輸入	514.1	614.1	781.5	1115.2	1491.7

（以上數據來自印度駐日大使館網站）

〈5〉巨象巨龍爭鬥不斷

　　印度和中國兩者都是從北向南發展的文明古國。中國人口13億，印度11億，若是加上同為印度圈的巴基斯坦、孟加拉，則印度圈的人口略多於中國。

　　種姓制度是在雅利安人進入南亞時開始出現的。雅利安人用此來區分雅利安人和當地土著，最後發展到有四個種姓。中國則是同化、華化、王化、德化所有被征服的民族成為複合的文化集團。

　　印度未受中華文化的影響，但是中國卻深受印

度文化的影響。尤其是佛教文明影響中華文明甚鉅。

中國人是非常世俗化的民族，平常並不相信有神，甚至敬鬼神而遠之。但是中國常常處於大亂，中華文明卻又無法救濟靈魂，於是便需要宗教的憑藉及皈依。佛教文明在東漢時傳入，在南北朝時盛行。

印度文明和中華文明原本是完全不同而各自發展的文明。中華文明的擴散力在唐朝時到達了巔峰，這點從目前的漢字文化圈及中華文化圈或儒教文化圈就可以看出。印度文明的佛教文化擴散遍及南亞、東南亞、東北亞及中亞，但其擴散力未能影響到伊斯蘭文明圈。伊斯蘭文明雖然沒能征服中國，但是由於蒙兀兒帝國的強盛，印度文明和伊斯蘭文明融合，並且形成「印度＝伊斯蘭文明」。

由於印度的伊斯蘭化，於是另生了巴基斯坦及孟加拉兩國。

過去佛教不斷傳入中國，但是兩文明並未發生衝突，那是因為在兩國之間隔有西藏。1950年，中國軍事占領西藏以後，兩國便處在短兵相接的狀況下。

1947年印度自英國獨立後，又面臨巴基斯坦的

獨立分離運動。1953年，周恩來對來訪的印度政府代表團提出了和平共處五項原則：「互相尊重主權及領土完整、互不侵犯、互不干涉內政、平等互利、和平共處」。但是1962年，中國突然進軍印度，發動了中印戰爭，之後也支持共產黨在印度的革命，並且支援巴基斯坦。中國人趁人之危的這段歷史，印度人想必銘記在心。根據2006年11月15日日本產經新聞的報導，印度對中國技術人員的簽證審查十分嚴格而費時。印度政府對中國企業進出印度，也採取十分保留與警戒的態度。根據印度經濟時報的報導，印度政府日前拒絕與中國政府關係良好的香港HPH集團參與投標孟買港的建設。印度基於國家安全的理由，嚴格限制並審查巴基斯坦、孟加拉、香港、澳門在印度的投資。印度國家安全保障會議主張：有必要更加強化對中國企業的警戒。

由於國際戰略的需求，中國對印度開始「稱兄道弟」，並且企圖向世界製造兩國和平共存、友好的印象。但是從兩國過去的歷史來看，世界最大的議會制民主國家和世界最大的無產階級獨裁國家，要「哥倆好」，恐怕不是那麼容易。

〈6〉美國的對印新政策

冷戰時代，美印兩國互看對方不順眼，2005年7月印度總理辛格訪美時，受到最高規格的國賓禮遇，還發表了美印共同聲明（胡錦濤訪美時沒有國宴，也沒有發表共同聲明），布希總統不但宣佈印度是美國的戰略伙伴，還說要「支援印度成為21世紀的世界主力」。

美印的貿易總額在1992年時約33億美金，2004年超過了230億美金。最近好萊塢女星們的瑜珈熱也席捲了全世界，據估算，光是歐美的瑜珈產業市場便高達2000億美金。

冷戰時代，印度宣佈中立，是既不加入蘇聯也不加入美國陣營的不結盟政策。到了1970年代初期，印度和美國的世界政策唱反調，不但批評越南戰爭，並且作了核子實驗。

但是冷戰之後，印蘇同盟消滅，美印兩國開始眉來眼去。

理由是印度耀眼的進步。根據世界銀行的報告，印度國內的總生產在2004年便超越了韓國及墨西哥，成為世界第十位。

美國國家情報評議會於2005年所公佈的2020年世界情勢預測報告書『大國的抬頭』中，預測中國及印度將在21世紀抬頭。

此外，報告書還指出，由於印度保有空母及核武，因此在軍事面上，印度也會在亞洲獨領風騷。此外印度在2004年的軍事支出為150億美金（世界11位），2005年的武器輸入額為57億美金，高於中國及沙烏地阿拉伯，為開發中國家之冠。

　　前面也已經提到，美國的對中認識一直搖擺在「機會」與「威脅」之間。如果在龐大的中國旁邊再加上十一億人口的印度，中國的存在就不會顯得那麼突出及驚人。由於布希政權視中國為「威脅」的政策已經大致抵定，對印政策可以說是美國在對中政策主軸之下的相關外交政策。

　　2005年7月19日的華盛頓郵報評美印共同聲明為「促進印度的抬頭，以做為對抗中國的地區勢力」的「戰略」。美國國防部認為，只要能加強美日、美澳的同盟，並且在軍事上協助印度，那麼就可以圍堵中國。

　　這也可以從布希總統近兩年的外交行程看出。布希總統在2005年秋天訪問了日本、韓國、中國、蒙古，又在2006年春天訪問了印度。

　　美國亞洲政策的最主要目標是：遏止地區霸權國的抬頭、維持安定、變化管理。具體來說便是：保持地方力量的均衡，確定中印俄不會對美國的安

全保障造成威脅，並且阻止三國聯手損害美國的利益。

當然印度也不是省油的燈，它也有自己的一副算盤。由於印度曾有一段慘痛的獨立運動史，因此十分看重好不容易才獲得的獨立，所以它所採取的外交政策一直以國家的獨立及自主性為至上的考量。譬如印度與蘇聯的同盟關係，除了經濟上的利害之外，也有對應美中巴（巴基斯坦）三國協調關係的意味。

兩國關係不可能單靠一廂情願。冷戰後，由於蘇聯的解體，印度失去同盟國，經濟一落千丈。印度政府不得不改變政策，從過去社會主義的經濟政策，切換到以導入外資及振興貿易為主的自由化經濟政策。轉換方向後的對美關係便成為印度外交上的課題。於是印度對改善與美關係也顯得積極。

印度目前的策略是在「印中關係」、「印美關係」與「美中關係」中求取本國最大的利益。「印美關係」的緊密化可以牽制中國及俄羅斯，反過來，也可以利用中國及俄國做為對美外交的一張牌。

如上所述，美國將中國視為美國安全保障及國內安定的主要威脅，而利用對印重視政策來圍堵中國。那麼中國人怎麼看越來越好的美印關係呢？雖

然中國人嘴巴講「印度不算什麼～」，其實心裡還是緊張。

2005年中國總理溫家寶訪問印度，兩國同意加強經濟關係，及儘速解決兩國的國境問題。中國的對印友好政策，一方面有和美國對抗的意味，另一方面就確保能源補給路線的觀點來看，中國也希望能和面對印度洋的印度維持良好的關係。

日本產經新聞以「牽制美國的印度行」來形容2006年11月20日中國主席胡錦濤訪問印度。胡錦濤的印度行除了希望和印度締結兩國的「自由貿易協定」（FTA）外，也希望兩國成爲「經濟、戰略的伙伴」。

再來，能源不足的中國及印度對世界第二大產油國的俄國十分關心，而俄國就本國的亞洲政策及世界戰略的觀點來看，也希望能強化「俄中關係」及「俄印關係」。因此三國有許多利害一致的地方。

2005年6月在上海召開的「上海合作組織」，中國、俄國便呼籲「西方國家離開中亞」，美國全面退出駐留在中亞的美軍。美國認爲此舉是「試圖將美國排擠出中亞」，但另一方面也可以看出「中俄一致企圖排除西方在中亞的影響力」。

除此之外，在2005年的會議中，印度及伊朗也決定加盟成爲觀察會員。2005年8月，中俄兩國實施共同軍事演習。俄國國防部長伊瓦諾夫且說今後印度也可能參加共同軍事演習。

〈7〉日本開始拉攏印度

　　最近，日本也開始了對印度「拉攏外交」。日本每年都有所謂的對外經濟援助，過去中國一直是最多援助國。從2003年以來，印度成爲日本的最大經濟援助國。從2004年到2005年之間，日本訪問印度的內閣閣員及政府高層達二十餘人，其中包括小泉純一郎首相。

　　美國的『華爾街日報』（2005年5月2日）這樣評論小泉首相的印度訪問：「過去幾個禮拜中有許多要人訪問了印度（萊斯及溫家寶），但是其中最重要的客人應該是日本的小泉首相。除了經濟關係之外，日印兩國都有不能坐視中國一國支配亞洲的認識。」7月美印發表共同聲明之後，印度與日本會有更緊密的關係自不在話下。

　　印度的外交政策常被比喻爲「亞洲的法國」。也就是說印度只從自己的國益來看世界，因此在看

印度的對中、對美、對日政策時，都應先了解到這一點。

此外也必須了解到，印度的人口、面積、國內總生產額佔南亞的70%。因此南亞其他各國對印度大都存有警戒，並視印度為威脅。因此若將印度放入南亞外交的一環來看時，偏重印度的政策將會引發南亞其他各國的反感。但是反過來說，和南亞其他各國的良好關係也可以成為對印外交的一張牌。

從中國近來的外交動向，便可以看出中國除了對印重視之外，對南亞各國也施展了八面玲瓏的外交手腕。

〈8〉中印俄將反目成仇

除了歐美日以外，將來最有可能左右世界局勢的三國首推：中國、印度、俄羅斯。

最近這三國好像越走越近，表面看起來感情也不錯。可是我個人認為，這三國不但不可能成為同盟關係，反而會反目成仇。

為什麼？首先是這三個國家南轅北轍的文化與文明。

中國有中華文明，印度有印度文明，俄羅斯也

有以東正教爲核心的文明。在外交上，三國文明衝突的可能性很大。這三國本身也有內部文明衝突的問題，不論對內對外，都是多文明國家。

美國哈佛大學教授Samuel Phillips Huntington在1993年發表了『Clash of Civilizations』（『文明衝突論』），預言美國和伊斯蘭文明的衝突，及美國和伊斯蘭與中華聯合的文明衝突。我個人認爲，如就十年、二十年、三十年來看，中國、印度、俄羅斯之間衝突的可能性比較大。

其理由，除了三國文明的不同之外，三國目前都是經濟高度成長的國家。

中國自稱經濟成長率9～10%。印度與俄羅斯約6～7%。和世界其他各國相比，這三個國家都是高度經濟成長國家。也有專家推測，再三年，印度就可以超越中國。

再看印度、俄國與中國不同地方。俄國和印度都有選舉制度，雖然還說不上是成熟的民主國家，不過正漸漸地朝民主主義國家或議會制民主主義國家轉型中。當然印度和俄國國內還是有很多政治問題。

而中國卻依然是獨裁專制國家，人民沒有表達民意的機制。這是中國的難處。因此將來應該不會

出現「中印俄VS歐美日」的情形。

　　另一個理由是，中國和印度將會在資源問題上對立。

　　俄羅斯是個資源非常豐富的國家，但是中國及印度的資源卻非常少。和印度比起來，中國又更少。但是近代經濟基礎薄弱的中國及印度爲了繼續發展經濟，一定非常需要資源，因此兩國必會在獲取資源上發生衝突。中印兩國之對立對於有資源的俄國來說，是再好也不過的事了。三國各有算盤。以此來看，將來對立的可能性遠大於同盟的可能。

　　就歷史來看，日本在日俄戰爭中扳倒當時號稱擁有世界最強陸軍的俄羅斯帝國；第二次世界大戰末期，1945年8月6日美國在日本的長崎投下第一顆原子彈後的三天，蘇聯片面宣佈「日蘇中立條約」無效，並且對日宣戰。蘇聯在日本8月15日宣佈停戰後的8月28日進攻占領了日本的北方四島，並且在滿州俘虜了60萬名日本人到西伯利亞從事勞動工作。同樣位在極東的日本和俄國，經常處於對立的狀態。

　　由於中國太過火的反日、仇日教育，使得中國和日本近來也是「政冷經熱」（政治冷淡，經濟火熱）。那麼中國和俄國可能聯合嗎？那倒也不會。

從中俄的歷史來看，自俄羅斯帝國、清帝國的時代，過去中國和俄國之間的關係總是同盟、友好、反目成仇的循環，關係都不長久。也就是說中俄兩國好也好不久，壞也壞不久。

到了近代，蔣介石著（陶希聖代筆）「蘇俄侵華史」，高喊「反共抗俄」。中華人民共和國在中蘇蜜月期過後，批評蘇聯是「修正主義」，宣稱要「打倒蘇修」，兩國在邊境也發生了多次武裝衝突。到現在還有不少中國人認為：帝俄利用璦琿條約所「侵佔」的西伯利亞是「中國絕對不可分的固有領土」。

因此我認為，無法維持長久關係的中俄要聯合同盟的可能性不高。

就現在的情勢來看，美日必會同盟。美日如果同盟，日本和歐洲就不可能對立。「歐美日」同盟仍會主導世界局勢。

第八章
台灣當前的問題與課題

〈1〉台灣的問題

　　我離開台灣是1964年1月，當時台灣還籠罩在國民黨的白色恐怖之下。

　　我小學時代目擊了二二八事件，母親的兄弟中有兩人被槍殺，還有兩人至今仍下落不明。他們的身影常常無意間在我腦海中浮現，直到今天，雖然恐懼已漸漸被時間所沖淡，還是會常常懷念起最疼愛我的舅舅。

　　本來我對政治並沒有特別的興趣。母親經常囑咐我到日本後要好好讀書，不要多管閒事：「你舅舅都被抓去打死了。」「聽到了沒？」

　　當我初到日本時，到處都還是「不可談政治」的風氣。台灣留學生雖然到了異國，還是杯弓蛇

影，風聲鶴唳。當時台灣對外自稱「自由中國」，其實大家心裡明白「不能亂講話」。不但沒有言論、知的自由，連表現的自由也沒有。民主未上軌道，人權不受保障，特務在各校園監視學生的活動及言行，台灣人即使身在海外，還是「知影在心內」。

特別是留歐美的。有不少人甚至還極端地認為，在台灣的時間是「白活」了。可是希望台灣人能「出頭天」的還是不少，不甘台灣人被迫同中國人「送作堆」的心情還是波濤洶湧。我也是在60年代的這股反國民黨獨裁的時代潮流中，毅然地加入了台獨聯盟的前身：台灣青年社。

我雖不善談吐及文筆，但是自小就有一手自傲的繪畫之才。可是40年來，我一直都在走筆耕之路，可能是命運，也許是「天命」。自60年代以來，在我一路走來的心路歷程中，特別是從外界來看自己的國家，它的政治、經濟、社會、文化課題不少，但綜觀所有的問題，可以歸納為：「如何重建台灣人的主體性」和「克服台灣的後進性」，此是21世紀台灣的兩大課題。事實上，台灣的問題比我想像的更多，很多是我最近才發現的，不禁感到自己的觀察力和洞察力有限。

台灣時時刻刻在變化，整個世界也是。有些是台灣根深蒂固的潛在問題，也有不少是隨著時代或內外環境變化所孳生的新問題。

我對台灣的遠景並不悲觀，可是我的願景與台灣的現實也不見得越來越近。

台灣的問題很多，不少是精神面的。至少從台灣人的精神史來看，這個社會比所能想像的更難想像。據最近的統計，台灣有4成4的人感到「活得很鬱卒」（董氏基金會2004年的調查，自由時報2004／9／24）；也有人認為，只要不看報紙或電視，台灣的生活還算不錯。有關台灣社會精神方面的問題，在此暫時不提。

以下是我個人認為不得不提的台灣問題。我在此不作體系性的提題，僅從個人的直觀或感觸，提出讓大家共同思考。

〈2〉台灣教育百年大計

台灣的教育改革在李登輝時代以後有很大的變化，可是從整個台灣教育史來看，「質」的變化不大。

我在日本的大學研究所任教，深深感到台灣留

學生記憶力都不錯，可是非常缺乏分析力，綜合、演繹的方法都不高明，或一無所知。台灣學生雖然從小到大，天天都在作文，可是寫論文的工夫很欠缺。有時連題目都令人摸不著頭緒，哪還談得到對既有學問權威的批判能力。其來有自，主要可能是因為戰後台灣權威式的教育只重視知識教育，缺乏智慧教育。

日本時代的高等學校有哲學教育；中國教育就沒有。這對於人格的形成，獨特的人生觀的涵養就有不同。

這些年來，台灣學者或媒體對日本教育的批評，實在有欠公平，有如蜀犬吠日。例如教科書問題，日本是各出版社都有各自的版本，然後再由教育部檢定審查；台灣直到96年才全面開放民間編輯。韓國的教科書是國定的，中國本來也是國定，但自從文革以後，教育制度完全崩潰，成為各地的黨部「黨定」。各國制度不同，台灣的媒體連最基本的知識都沒有，扭曲極為嚴重。

台灣一般的「常識」，大都將日本時代的教育認定為「殖民地教育」或「奴化教育」。事實上日本的台灣經營到底是「殖民地」與否，在當時的日本帝國議會也有過爭論。此且不論，我認為日本時代

的教育事實上是以「國民教育」和「實學教育」為核心。將日本教育和中華民國的黨國教育比一比，哪一方才是「奴化教育」，只要比一比兩者的教科書內容或教育政策就可以一目了然。

我在任教的大學負責了將近10年的大學百年史的編撰工作。工作中發現19世紀末，台灣的書房教育人口不及總人口的1%。當時慈禧太后在「庚子新政」中計劃立憲廢科舉，並且預定將國民識字教育提昇到5%，實際上直到20世紀初期，中國國民的受教率仍停留在2%，到了國共內戰期，毛澤東還以「解放80%的文盲」為口號，可是同一時期的台灣，6至11歲學齡兒童的就學率便已達80%。

日本在19世紀末時，國民教育的就學率就已經接近100%。

戊戌政變失敗，王照亡命日本後，才發現甲午戰爭的失敗是敗在教育。文明古國的中國實際上是文盲之國、愚民之國。

台灣的教育問題多如牛毛。本土教育就是主體教育，這是絕對不能妥協的。台灣教育的普及不亞於歐美日各先進國家，育才育能，必須重視進取精神及創造性。可是我在這裡不得不提醒，台灣百年來的育才問題太多，一流人才不是醫師就是律師，

造成百年來人才的內耗。因為醫生和律師都是「非生產性」的職業，太多必定帶來國家或民族的沒落。而缺乏文化與文明方向感的教育，必定帶來亡國滅種的危機。

〈3〉大眾媒體的虛妄

當我還在台灣就學的時代，一講到媒體，「都是騙人的」是大家共同的感想。當時國民黨的黨國體制獨佔大眾媒體，又有電波法的管制，所以「自由中國」、「美麗島」雜誌的停刊，為了追求百分之百的言論自由而自焚的鄭南榕義士，都是那個時代言論自由受到箝制的象徵。

90年代以後，台灣的言論確實「自由」了，可是「內容」和「品質」是否有改變，便是個疑問。

當然，若要以「都是騙人的」來說現在所有的大眾媒體，是有一點過份。但若修正為統派媒體和過去黨國時代並沒有太大差異，那就更接近事實了，也可避免其他媒體不明不白受池魚之殃。

中國的文化，一般可以稱之為「騙的文化」（有同名的書籍）。「都是騙人的」媒體是這一文化的內含而已。君不見今日的中國順口溜：

人民日報騙人民，
北京日報騙北京，
解放軍報騙軍人，
光明日報不光明。

　　至於其騙的程度，中國民間調侃說：「人民日
報除了這四個字是真的，其餘都是假的！」可見冰
山的一角。而「什麼都是假的，只有騙子是真的」
這句俚俗，代表了中國文化的本質。君不見中國社
會黑心的、沒良心的騙來騙去，五花八門。「什麼
都是假的，只有騙子是真的」的文化何止於大眾傳
播媒體。在這種文化薰陶之下，問題只能怪媒體把
民眾都當作愚民。

　　大眾媒體當然不至於以騙為職責與目的。但是
在這種騙來騙去的文化陶冶下，不但造成互不信任
的社會，國民程度也無法提昇。

　　一個國家一旦到了大眾媒體「都是騙人的」或
「大都是騙人」的地步，知識人有責任，政府更有
責任。可惜，認為言論自由比生存權更重要的阿
扁政府卻說：「在我任期內絕對保證百分之百的自
由。」是放縱媒體胡來的幫凶。

　　今日台灣媒體的亂象已經無法無天，其目的已

不在「逢李必反」，或「阿扁下台」而已。已經警覺到這一點的人其實也不少。至少，從宏觀的歷史視野來看，今日台灣大眾媒體的亂象已可稱之為「統媒之亂」。

最近出現了以「阿扁下台」為旗幟的紅衫軍，暴露出台灣社會文化的病根。事實上台灣的問題比我們想像的更多，不僅社會、文化，民智也大有問題。此是台灣病源之所在。

〈4〉司法淪為政治打手

記得將近40年前，在東京大學有關台灣憲法法律的討論會上，一位現在在台灣已經成為大師的法律專家滔滔不絕地大力宣揚中華民國憲法保障言論的自由等等，半途突然殺出一個程咬金說：「台灣法律百百條，不如黃金送一條。」頓時全場嘩然，愕然、悵然，最後了然。一時拍手叫好聲四起，一語道破，遠勝長篇大論。

70年代郭雨新流亡海外時談到：「台灣的司法是大案聽命令，中案看錢，小案依法照辦」也一語道破了台灣司法的實態及表裡。「有錢判生，無錢判死」是台灣民間的司法觀。

按照過去台灣人對中華民國司法的了解，除了「小案」以外，「中案」的被害者大都以破產收場，「大案」如「自由中國」、「美麗島」事件的下場，想必大家都已經知道。

　　本來在中國文化中，古代法家的「法」或歷代王朝「陽儒陰法」的法是「刑罰」的法。它和西洋近代的法的概念、觀念有所不同，當然和產業社會的結構也迥異。目前社會政治結構主流是三權分立。孫中山所倡導的五權憲法帶來了不少政治的矛盾。政治制衡並不一定是分權機構越多越好。政治離不了傳統的社會文化，而司法問題不只是政治問題，也是文化問題。

　　台灣的情治、媒體、司法三位一體，如虎添翼，對台灣社會發揮強大的破壞力。這是近來眾所目睹的台灣司法問題潛在的嚴重性。一個貪污瀆職的案件，情治單位有目的地提供資料，媒體不管真真假假逕自爆料，再由司法機構以二重價值基準作判決。司法不公對台灣的殺傷力不下於媒體。

　　可是司法的改革在制度上比其他的部門更困難。它並不是政治的，而是文化的。在沒有良心良知的社會下期待司法公正是不可能的。它至少需要一代或數代的時間。

〈5〉國體、行政改革的限界

　　人類史上曾發生過各種類型的國體變革或行政改革。但是不論法國大革命、俄國大革命、美國的獨立革命、日本的明治維新，甚至中國歷代王朝改朝換代的「易姓革命」，都侷限於各國不同的歷史條件及環境。

　　國際社會一般都將台灣「外來政權」體制民主化的李登輝時代稱為「寧靜革命」。但是如何評估台灣初次的本土「阿扁仔政權」，尚待今後的蓋棺論定，在此不便多提。

　　要論斷中華民國到底是不是「外來政權」，並不那麼簡單。可是只要「阿扁政權」繼續宣示「四不一沒有」，或否定修憲、制憲，阿扁就還是「中華民國」的守護神。

　　中華民國自辛亥革命以來，軍閥內戰、國民黨內戰、國共內戰、政府林立，爭亂內訌不下五代十國，可是中華民國還是有如九命怪貓，當北京政府被蔣介石的南京政府北伐統一之後，革命三尊的元勳章炳麟早已宣佈「中華民國已經死亡」。但中華民國還是不斷蓮花化身，渡過抗日和國共內戰，遷

來遷去，最後逃到了台灣，連以反對外來政權起家的民進黨，最後還不得不成為「中華民國最後的守護神」。中國人常自誇情勢比人強。政體不經革命難以變更，連維新變法也不那麼容易。日本的明治維新是人類歷史上稀有的成功例子。中國幾千年的歷史中，除了商鞅變法等等春秋戰國時代的少數例外，自秦始皇統一中國以來，不論王莽、王安石、張居正、范仲淹、戊戌變法等等，都沒有成功。政治改革不但和「祖法」衝突，更和現有的既得利益集團衝突。能成功的大都是例外。

當然台灣的政治改革也不例外。

阿扁政權自成立以來，不要說「大刀闊斧」，連農民組織都無法動它一根毛。還好有國民黨留下來的一百多個「資政及顧問」的職位，救了阿扁一命，阿扁自嘆：「不然被吵死了。」當然，從台灣的困境來看，阿扁也有不少值得同情的地方。由於多數在野黨的制肘，行政改革不能如願，雖然如此，阿扁身為國家元首的資質也不無疑問。

台灣的政治改革，步步維艱，就客觀環境來看，這也是事實。利害關係、決心、民意、未來環境都有密切的關聯。

可是至少大家必須共同來思考，台灣的國家規

模不大，但是國家部會機構之多並不亞於大國，實在浪費國力及民力。新近日本的政治改革已將部會機構從21個統合成12個，目標是8個。可是台灣的部會機構要從35個減到25個都遙遙無期。若以李登輝時代廢省廢國代的成就來看，民進黨時代對國政進步與改革的努力顯然不夠。

〈6〉台灣至今仍有認同問題

近代以國民主義的潮流所誕生的國民國家，是由西歐而中歐、東歐，隨著西風東漸而擴散。

早在日本開國維新之際，幕府軍海軍司令榎本武揚等企劃的蝦夷（北海道）共和國以及19世紀末的台灣民主國、菲律賓共和國等都連續早產或流產。

中國自20世紀初的辛亥革命後即大倡「大中華強國主義」、「中華民族」，可是至今已近一百年，還是不得不強調「民族主義」、叫喚「愛國主義」，可見近代國家的困難及難產。中國、越南、緬甸都是有50個民族以上的多民族國家；菲律賓、印尼、印度更多。不少國家都有內部衝突或認同問題，這也是近代國民國家的困境。

雖然台灣的族群比那些國家少，可是台灣的認

同問題還是歧異甚多。台灣至少有民族、國家、社會、文化的認同差異。

在此不得不一提的是，凡是有中國人、華人、華僑的地方，都有認同的問題。這一點大家不妨看看印尼或緬甸的獨立運動史。在這些華人跋扈的南方，他們的獨立運動史不但是反荷或反英的獨立運動，也是反華的社會運動。因為華人大都站在統治者一方。

這是中國人的民族性。比起其他民族，中國人可以說是更世俗，更勢利，更現實，更自我中心，更朝秦暮楚，更會見風轉舵。

有關台灣民族認同的問題，我認為台灣民族比中華民族更加成熟。這一點，只要從「近代民族」而不是「種族」的觀點來比較，就可以很容易地了解。其理由是台灣民族或中華民族都是到了20世紀初才誕生的，但中華民族的發展在東亞卻是最慢的。因為中國人所固執的華夷意識永遠是超民族的。

台灣民族比起中華民族更具客觀的條件與色彩。因為近代民族是近代資本主義的歷史產物。台灣的近代市民社會意識比較成熟。中國雖然百年來不斷為漢滿蒙回藏造魂，不斷地訴之於愛國主義或

民族主義，至今還是很難將國內的各民族鑄造成
「中華民族」。中華民族是空想的。而台灣民族的
認同問題，至少是近代亞洲國家共有的問題。

　　台灣的民族認同實質上來自國民國家的國民認
同。台灣的國家認同也是對中華民國，「台灣、中
國，一邊一國」的國家認同問題。需要注意的是，
統派族群不願認同台灣，也不見得就認同「中華民
國」。近年來台灣民眾也已經見識到統派族群從高
喊「反共抗俄」、「殺朱拔毛」到手持「毛澤東語錄」
在台北街上遊行「連共制台」等等沒有政治節操的
行徑。

　　至於對台灣文化或社會的認同，我在此必須提
示：不同的歷史步伐產生不同的歷史文化和社會。
台灣與中國雖然共有不少文化要素或文化基層，可
是文化結構和文明原理不同，台灣比中國文化更有
多樣性或重層性。具有強烈中國意識的族群不認同
台灣文化是可以理解的，但社會認同的差異是來自
中國人固有的優越意識及排他性。

〈7〉國家理念、目的、方向的迷失

　　近60年來，中華民國在台灣從反共抗俄、消滅

共匪、解救大陸同胞、反攻大陸、反共必勝、建國必成的口號喊到「三民主義統一中國」。以往「反共」或「建國復國」的國家目標，已經隨著國內外環境的變化而改變，台灣的國家理念、目的、目標、戰略或國家的大方向也不得不有所變化。

中華民國政府自國共內戰失利，不得不逃亡台灣，樹立難民政權以來，初期也有東山再起的決心。就大時局來看，也有韓戰、越戰、東西冷戰，但是並沒有蔣介石所期待的第三次世界大戰。至少文革的「十年浩劫」，蔣氏父子政權也止於旁觀者，就客觀的判斷，蔣氏父子早已放棄反攻大陸的初衷，決心流亡孤島稱王。

既然如此，強人政治之後，台灣政治的本土化、流動化、多元化也是必然的。

李登輝時代的12年，台灣內部雖有逢李必反的抵抗勢力，可是台灣民眾有李登輝情結，民主化成為台灣有史以來無可抗阻之潮流。國際社會稱李登輝為「民主先生」，而「寧靜革命」也在台灣史上留下不可磨滅的一頁。

2000年，台灣達成政黨交替，民進黨政權是以選票建立的本土政權，至少本土派的民眾大都寄望本土政權有所做為。但可能是政權早熟，或者期望

過高，阿扁政權並未能滿足民眾的願望。阿扁總統不但高喊「中華民國萬歲」，還鼓勵要「唱國歌」。雖然也偶爾叫了幾次「台灣中國一邊一國」；但是今天說了，明天又忘了，六年來不但建樹不多，連總統的尊嚴也無法確立，反而帶來本土政權的危機。

阿扁的國家理念與國家觀最令人擔心而不能理解的是「現在是經濟文化的統合，未來才是政治的統合」的「統合論」，不知這種想法和統派到底有多大差別？

阿扁政權是弱勢政權也是事實，不但在國會是少數，也沒有國民黨政權半世紀來所擁有的各種有利資源。國親可連中反扁，阿扁政權卻未能得到美日的奧援。

阿扁最大的問題還是沒負起國家元首的大任，且沒有明確的國家理念、目的、方向，也缺乏堅定的意志，失去國家元首的魅力，因而也失去了以往支持民眾的向心力。

國內各種政治勢力對立激化的危機，並不如想像可怕，至少，不管現在或今後，這是難免的。台灣的內耗其實比外流更嚴重。但最令我坐立不安的是：民眾對台灣本土政權失去寄望與信心。

〈8〉台灣制憲修憲的困境

一談到制憲、修憲問題，我聯想到日本數十年來也在爭論制憲、修憲。日本所爭論的重心是憲法第九條，也就是是否可以擁有軍隊的問題。中國政府時而表明不贊成日本修改憲法，對台灣的制憲更是反對，甚至警告不惜動武。

現在的日本國憲法是日本敗戰時，GHQ強制制定的，早已不合時代，以往因為社會黨、共產黨反對，時機未成熟。最近支持憲改的民眾則已經大幅增加。可能近年內將會在國會通過。這是日本制憲、修憲運動的趨勢。日本和台灣的憲法有不少共同點，就是不合時代，而且不是自己制定的。

中華人民共和國也有制定新憲法的經驗。中華民國在國共內戰中，將國民黨在中國單獨制定的憲法搬到台灣。不但兩蔣時代，李登輝時代也有數度的修憲。

修憲在世界各國可以說是家常便飯。挪威自1814～1995年就修憲139次，256條；墨西哥修了119次，408條；德國從1949～2002年就修了51次。所謂台灣不可修憲，也不能制憲，根本是笑話。事

實上，英國連憲法也沒有。

80年代，鄭南榕的『自由時代』週刊刊載了許世楷博士的「台灣新憲法草案」之後，台灣對制憲或修憲的爭論不斷。林義雄、姚嘉文、黃昭堂、黃爾璇、李憲榮、李鴻禧等等政、學界憲法研究者都曾提出獨到的見解。

歷經十數年的憲法議論，才有制憲運動的產生。因為憲法不論如何修改，已不再有積極的意義，所以才必須制定新的憲法。

台灣當然要新國家新憲法，「反對外來，與台灣本土無關的憲法VS擁護舊國家舊憲法」的對立，基本上也可以說是統獨的對立。

美國國家戰略最大的政策之一是希望台灣「維持現狀」。維持現狀實質上是「台灣中國一邊一國」的政策。

中國當然不希望「維持現狀」，而是希望趕快「統一」，事實上卻又不可能。

新憲法的制定並不意味著獨立，譬如日本若幾年後制定了新憲法，也不會意味或表明日本是一個「新而獨立的國家」。可是台灣制憲，特別是有關領土範圍的規定，就不能像國民黨時代，連外蒙古或並沒有實質統治的中國都定為國土；但是從另一

方面來說，新憲法和獨立宣言有同質的意義。

國家的獨立，並不需要宣言，總統的選舉也是實質上「獨立國家」的表示。

美日都憂心台灣的制憲或公投自決。他們不支持台灣的民意並不意味支持中國的立場，而是預測中國會失去理性而改變東亞的現狀。

對台灣來說，這是當前所面臨的新憲困境。

〈9〉如何面對台灣當前的困境

台灣當前所面臨的困境不止於上述的教育、媒體等等問題，還有國際上對台灣國家的認知，聯合國、WHO……等等國際機構的加盟、外交、經濟、文化交流等問題。

甚至也有資本、技術外流所產生的產業空洞化、國家安全保障、正名、心靈改革……等等問題，更棘手的是統獨的抗爭所帶來的嚴重內耗，再加上中國沒天理的外來壓力。

可是我對台灣並不悲觀，至少大家有目共睹的是近4百年來，台灣苦悶的歷史並沒有造成台灣「貧窮落後」，人類歷史中，大多數國家或民族都在苦難中成長、興起。西歐、南歐的新興國家或新

興民族的興起都是如此。由於蒙古人、滿州人的興起而被征服的中國也都是從苦難中抬頭的。

中國對台灣的武力恫喝、威脅，對台灣來說並不都是負面的。

「苦難苦悶」可以防止台灣的墮落。「受難興邦」的原理也許從此而來。

從台灣最近的政治或社會的亂象，大家已經看出過去沒有發現的病根。其中有很多症狀是無法在短期內解決的，特別是台灣的精神或心靈的問題。但至少我們已經找出了應該努力的方向。

第九章

2008～2012
台灣之如是我觀

〈1〉中國仍是兵營國家

「馬上取天下」、「槍桿子出政權」是中國五千年來的傳統，也是中國人建國的國家原理。此外，還有奉「天命」以德治國的「天子」。

換句話說，君臨中華王朝的根本是「武力」。不管是唐以前的「易姓革命」或唐以後的「易族革命」，其根本理論都是「馬上取天下」。只要能取得天下，就是「真命天子」，而庶民只能祈禱「真命天子有德」。

即使到了廿世紀，這個原理還是沒有改變。辛亥革命後，清宣統帝退位，建立共和，可是在議會

制度還未確立之前，中國便陷入內亂。從大大小小軍閥的內戰到國民黨內戰、國共內戰。中華人民共和國建立後，反而走向和當初辛亥革命想要建立的共和制完全相反的共產黨一黨獨裁之路。

一黨獨裁的共產黨主張無產階級專政。既然是獨裁專政，當然就不需要「民意」。因此到目前為止，中國連詢問民意的選舉制度都還沒確立。反正也不需要。中國又主張西洋的民主不適合中國，現在中國的體制才是「真正的」人民民主主義。因此只要中國繼續主張無產階級專政，中國就不可能有民主，中國就還是「馬上取天下」、「槍桿子出政權」的社會。領導人得同時掌握黨、政、軍，才能有安定的政權。

「兵營國家」可以說是中國的本質。中國的特徵是「亂」、「髒」、「雜」。不論「亂」或「雜」，簡單說都是「髒」。

佛教中有所謂的「三世觀」，即「過去」、「現在」、「未來」。然而中國也有自己獨自的三世觀：「亂世」、「昇平世」、「太平世」，也就是從「亂世」到「太平世」的變化。

中國的現世生活中只有「亂世」。「太平世」是中國人的理想，因為現實上的中國是戰亂年年。

中國的歷史是一部「內戰」、「起義」、「征伐」、「造反」的「戰亂史」。綜觀中國史，幾乎年年兵荒馬亂。

代代生於戰亂國家，代代從軍、打仗，久而久之便認定「武力」是解決問題的唯一方法；如果有什麼不如意，便依賴「武力」威嚇並且使對方屈從。農民如果抗議，中國政府能想到的方法只有「鎮壓」、「鎮暴」；想要統一台灣，想到的方法不是「花言巧語」，而是在沿岸配置8百枚飛彈；2006年10月隨隊登山的羅馬尼亞攝影師意外拍到中國邊防軍射殺手無寸鐵的西藏人；中國政府看到在冰天雪地之下正要越過邊境的西藏人，想到的只有「開槍」。

這就是中國特色。不過中國當然不說是自己去侵略別人，而說夷狄仰慕中華文化，個個巴不得進入中國的版圖，前來朝貢；目前中國也說台灣人民渴望統一。

中華人民共和國自建國以來便發動了17次對外戰爭。（以下戰爭名稱依照中國軍方的命名）

一、抗美援朝戰爭　50年6月25日～53年7月
　　27日

二、台灣海峽九三砲戰　53年9月3日～25日

三、一江山解放戰役　55年1月18日～19日

四、台灣海峽八二三砲戰　58年8月23日～
10月6日

五、西藏出兵　59年3月20日～62年3月6日

六、中緬國境聯合警備戰　60年11月22日～
61年2月9日

七、中印國境自衛反擊戰　62年10月20日～
28日

八、第二次中印國境自衛反擊戰　62年11月
14日～21日

九、台灣海峽三次海戰　65年5月1日、8月6
日、11月14日

十、珍寶島中蘇國境反擊戰　69年3月15日～
17日

十一、新疆鐵則克提國境反擊戰　69年8月13日

十二、西沙群島中越海戰　74年1月19日～20日

十三、中越國境自衛反擊戰　79年2月17日～3
月5日

十四、中越國境法佬山防衛戰　81年5月5日～
6月7日

十五、中越雲南扣林山反擊戰　81年5月7日～

6月11日

十六、中越雲南老山・耆陰山作戰　84年4月28
　　　日～5月15日

十七、南沙群島中越三一四海戰　88年3月14日

　　從1950到88年的30年間所發生的軍事衝突，
對美國及聯合國部隊：1次，蘇聯：2次，印度：2
次，越南6次，台灣5次。

　　根據台灣軍事專家張友驊的分析，中國17次對
外戰爭的特徵是：

一、除了朝鮮戰爭費時三年，並且投下100萬
　　軍力以外，其他如中印、中蘇、台中、
　　中越的戰鬥規模小，期間短，但是談判
　　時間長。（注：79年的中越戰爭，中國動員50
　　萬人。）

二、中國的對外國境戰爭，都是在別人家裡
　　打，並且避免戰火波及國內，影響到本
　　國的經濟。

三、所有的戰爭都和「領土」及「主權」有關。

四、「黨中央」決定出兵與否。

除朝鮮戰爭以外，人民解放軍大多採取速戰速決的「短期決戰」。一方面可以節省體力（軍備及經費），另一方面也可以向人民誇示國力，加強團結。特別是少數民族。中國國內共有五十族以上的少數民族，其中大多是被中國強制統合的。因此中國必得不停地對內外誇示自己的拳頭大，以達到嚇阻及加強統合的效果。

◆和平崛起與軍事擴張的矛盾

中國軍事預算增加率連續18年以兩位數字成長，不過中國也有自己的一套說法：「中國不是軍擴，是國防現代化而已。中國的軍事費不多。軍隊的人數也在削減中，近代化是為了自我防衛而已。」「如果以國民每人的GNP來看，中國的軍事費其實很少，不過是日美的數十分之一、數百分之一而已。」

但是「中國威脅論」已經是國際社會的共識。於是胡錦濤、溫家寶政權初期最常掛在嘴邊的便是「中國和平崛起」。兩人出國訪問時，一定會講個好幾次「中國人自古以來愛好和平」、「中國人從未在他人的領土上殺人放火過」之類的。

如前面所提到，中國人其實不知道什麼是「和

平」，及如何和其他國家「和平相處」。因爲中國自有史以來幾乎年年戰爭，從縣對縣，省對省，地方對中央，內亂又外患，所謂的「太平世」是中國人遙遠的夢想。

另一個理由是中國人視「和平主義者」爲「漢奸」。在中國史上只要對外主張和平的，一定會遺臭萬年並且被冠上「漢奸」、「走狗」的罪名，如：南宋的秦檜、中日戰爭時代的汪兆銘等。試圖以外交手段尋求和平的人＝漢奸，是中國歷史的特色之一。

爲什麼會這樣呢？因爲中國自古以來就自認「天朝最大」，周邊四方都是「蠻」、「夷」之邦；中國人就算受困打輸，還是會用阿Q的「精神勝利法」戰勝對方；因此要「天朝」向「蠻夷」求和的和平主義者簡直就是大逆不道，不可原諒。

中國人五千年以來都和戰爭、貧困、飢荒、天災、人禍搏鬥，活在中國社會中，也可以說是一場競爭激烈的生存戰。人命對中國人來說根本不值得眨一下眼，流一滴淚。

「愛惹事生非」又「自以爲老大」還「每年買最新武器」的人若說自己要「和平崛起」又「愛好和平」，恐怕連中國人也不相信。中國大力宣傳「和

平崛起」好一陣子後，便突然之間沈靜化，據說是由於軍部反對。本來「和平崛起」和「軍事擴張」就是矛盾而對立的。果然連中國人自己也講不下去了。

John J. Mearsheimer是美國政治學家，也是芝加哥大學教授。他於西點軍校畢業後，在空軍服役了五年，之後在康乃爾大學修得博士。Mearsheimer以「新現實主義」（Neorealism）著稱。他認為90年代美國所採取的中國政策是錯誤的。90年代，美國一面給中國最惠國待遇，一面要求中國改善人權，並且期待一旦中國的經濟獲得改善，中國便能與國際協調合作。

但是結果並沒有如此，經濟獲得改善的中國，把賺來的錢先拿來買武器，現在更企圖要成為亞洲霸主。

Mearsheimer教授說：「中國並不是因為有了錢才想要爭霸。而是任何國家都要爭取自己生存的最大發展空間，並且企圖在特定的區域獲得領導及主導權。」Mearsheimer教授稱之為「offensive real-ism」（攻擊的現實主義）。

Mearsheimer教授說，美國在21世紀初會面對的最大危機便是「中國成為北東亞的潛在霸權

國」。「潛在霸權國」指的是「有能力支配某地區的大國」。中國是否能成為「潛在霸權國」，得取決於「經濟近代化」是否得以維持。如果中國經濟近代化成功，那麼其經濟所帶來的財富就能構築強大的軍隊。

一旦中國握有此地區無人可挑戰的強大軍隊時，便會試圖支配日本、韓國等其他國家；並且發展如門羅主義(Monroe Doctrine，指美國總統詹姆斯・門羅於1823年發表的施政報告內容。內容大概是說：美國不干涉歐洲的事務，而歐洲也不應再殖民涉足美國與墨西哥等美洲國家之主權相關事務，「門羅主義」也成為「孤立主義」的代名詞)般的政策，以阻止美國干涉亞洲的事務。

Mearsheimer教授並且預測，中國一旦成為「巨大的香港」，其危險性將超越大日本帝國、納粹德國及蘇維埃社會主義共和國聯盟。（John J. Mearsheimer「20XX年──中美衝撞」『諸君！』，05年9月號）

就Mearsheimer教授「攻擊的現實主義」理論來看，大國、列強都有擴張勢力的傾向，一旦在(1)人口、(2)軍事力、(3)經濟三方面獲得實力，為了本國的安全保障，便會開始追求世界霸權。中國

目前只差「經濟力」略嫌不足，但是只要經濟力能達到某個程度，軍事資金豐足，便會想要在東北亞稱王。這時，美國便是中國稱霸的絆腳石，中國必然會挑戰美國在東北亞的勢力。

而台灣，最有可能成為美中戰爭的引爆點。

我們來回顧一下二次世界大戰後的歷史。美日戰爭日本戰敗之後，亞洲處於「民主主義體制VS共產主義獨裁體制」的冷戰。首先在國共內戰中，蘇聯支援中共軍，而美國支援國民黨的國府軍；1949年中華人民共和國成立後，人民政府向蘇聯一面倒。之後的朝鮮戰爭及越南戰爭也是「美國VS中國・蘇聯」的局面。之後蘇聯解體崩壞，共產體制的國家剩下中國和北朝鮮。

因此，即將到來的「中美戰爭」，可以說是自第二次世界大戰結束後長達60年的「中美對峙」總決算。

那麼此時，中國會如何攻擊台灣呢？的確，中國政府曾宣稱當「台灣宣佈獨立」、「外國勢力介入台灣」、「台灣無限期拒絕統一」時，便會對台灣行使武力。但就中國人的精神狀態來看，所謂的「大義名分」、「師出有名」都只不過是做做表面功夫，嘴巴講講嚇嚇人而已。反而，中國政府悶不出聲，

或者按捺著不講的時候，才是真正武力犯台的時機。

我認為中國最有可能在「共產黨體制面臨危機」時武力犯台。中國很有可能在此時鋌而走險攻擊台灣。當然，一旦中國攻擊台灣，美國必定會軍事介入，而成為中美戰爭的契機。

〈2〉台灣統獨抗爭激化

近年來，中國每年10%左右的經濟成長支撐了每年兩位數成長的國防預算。根據美國國防部的報告書指出，中國06年的國防預算約為700～1050億美元。

高額的國防預算讓解放軍有能力購買高性能的先端武器。對於不景氣的俄國武器工業來說，中國是正中下懷的大顧客。在中國大肆搜購武器之際，令人不敢相信的是，台灣的在野黨竟然以「太貴」、「軍購會破壞兩岸和平」、「購買武器是對中國的挑釁行為」拒絕通過軍購預算。

對於台灣由於朝野對立而遲遲未能通過軍購案一事，美國國防部官員愛德華・羅斯於05年9月19日在和台灣相關單位的會議上明言：「台灣必須先

自衛，美國才能協助防衛。美國將根據台灣抗敵、
自衛、生存下去的能力而決定是否協防台灣。」

(『軍事研究』，2006年9月號，pp.96～105)

◆**台灣人無法接受「統一」**

　　如果真如中國人所說「統一是兩岸人民的願
望」，彷彿明天就可以統一似的。為什麼台灣人一直
拒絕被中國併吞呢？這可以從以下幾個觀點來看：

1. 台灣經過了和中國完全不同的歷史，因此不
   論在國家、民族、社會、文化認同上都不同
   於中國。
2. 兩者不僅歷史認同不一樣，有史以來一直處
   於對立的立場。
3. 台灣和中國的國益、利害關係對立。
4. 兩者不論在經濟能力或是教育水準都差很
   多。
5. 要一個議會民主國家和無產階級獨裁國家
   「統一」，原本就很荒唐。
6. 統一指的是台灣被中國併吞。
7. 對於長久追求主權獨立的台灣人來說，放棄
   主權乃違悖情感。

8.就近代史來看，中國內戰飢饉屠殺不斷，並帶給鄰國災難與戰爭。但是台灣不僅生活富足，甚至可以伸出援手幫助其他國家。

對台灣來說，中國是唯一不能成為朋友的民族及國家。如果台中戰爭爆發，一定是因為中國先發動攻擊。台灣在蔣介石時代喊的是「反攻大陸」，到了蔣經國時代則變成「三民主義統一中國」，到現在只剩下「和平對話」。

因此台灣和中國之間的「戰爭與和平」，其實只是台灣能維持多久的和平及中國什麼時候進攻台灣的問題而已。

中國就算有13億人口也無法阻止中國的擴軍及對外戰爭。中國的國民是無力的。自有史以來，他們不曾以和平手段決定自己的元首，政府也不知道何謂「民意」。

那麼「誰」決定中國的「國家意思」呢？「軍」。「軍的意思」就是「國家的意思」。不管誰當國家主席、總理，如果無法掌握軍隊，就不算握有最高的權力。

因此可以說，台灣的和平完全繫在中國軍的一念之間。儘管中國有台中一戰的決心，至於是否能

成功，就另當別論了，而且，它得付出的代價及萬一失敗時政權的維持等等，都是開戰的風險。

由於台灣不是中國領土，所以中華民國在被逐出中國時就算亡國了。蔣介石在逃來台灣時也再三說過「中華民國已經亡國了」。

但是，也不能因為中華民國已經亡國，就可以說「台灣是中華人民共和國的」。與其說因為中華人民共和國不曾統治過台灣，不如說「台灣本來就不是中國的領土」。那麼，被中華民國流亡政府所佔據的台灣算不算主權國家呢？

有人認為：只要台灣人不依據「住民自決」建立台灣國，那麼台灣就不算是國家。

日本在舊金山和約中放棄了台灣主權，但是沒有「歸還」中國，也沒有「割讓」中國，而只是「放棄台灣」。既然台灣主權未定，那麼根據「住民自決」的國際法原則，主權當然屬於台灣人民。台灣既非無人島，而且在當時已經有650萬住民，主權歸於台灣人民是合法合情，而且理所當然。

〈3〉中國的媒體超限戰

近年來，「中國威脅論」已經逐漸成為美國國

會的共識。在經濟方面，中國遲遲不進行匯率的調整，使得美國的對中貿易赤字日漸擴大，要求重新檢討中國最惠國待遇的要求日益高漲。但是另一方面，中國也挾本國巨大市場要挾美國的企業服從中國。譬如為了要進出中國市場的美國科技公司幫助中國控制言論自由實施網路的言論審查事件，也令美國社會非常震驚。2006年2月16日美國聯邦眾議院國際關係委員會非洲暨全球人權事務小組，在「中國壓制網際網路言論自由聽證會」中，痛罵為了進入中國市場而配合北京當局壓制網路言論自由的雅虎、微軟、Google和思科四家科技網路公司代表「可恥」、「噁心」。

雅虎因為應中國當局要求提供客戶資料，使得一名異議人士被捕入獄；Google則是從2006年1月起，在其中文版的搜索引擎對中國當局認為敏感的關鍵字，如「台灣獨立」、「天安門事件」、「西藏獨立」進行過濾。

在聽證會上，四家公司的代表都表示他們只是普通企業，沒有能力可以對抗中國政府。

中國對言論的箝制並不只這一件。就在2006年9月10日週末，新華社宣佈，禁止在中國的外國通訊社發佈內容「會傷害中國國家安全或名譽，或是

妨礙中國經濟與社會秩序」的新聞。

總部設在布魯塞爾，並在一百多個國家擁有約五十萬會員的國際新聞記者聯盟（International Federation of Journalists,IFJ）立刻對中國箝制新聞自由的措施予以譴責，並說這是「無知與偏見」。

1999年中國人民解放軍兩名空軍上校喬良、王湘穗合著了『超限戰』一書。『超限戰』指打破傳統戰爭陸海空的模式、限制，沒有戰場，不擇手段，特別是非軍事手段：如媒體、電腦、衛生、毒品、心理、恐怖主義活動等等，在各種層次及領域來對敵人造成嚴重打擊的一種準戰爭行為。

『超限戰』出版後，引發了許多爭議。不少評論家將此書視為「宣揚恐怖主義的著作」。此書出版兩年後，便發生了911事件。

中國對台灣的文攻武嚇、捏造歷史，在經濟、政治上威嚇台灣，都可以說是「超限戰」的一部分。

除了經濟、政治、歷史之外，還有「媒體超限戰」。台灣媒體的墮落，連中國人也看不下去。北京大學新聞與傳播學院前副教授焦國標於2006年7月31日在香港的蘋果日報為文說「國台辦污染台灣媒體」。文中指出，中國的國台辦連台灣媒體請誰

寫稿子都會插嘴。並且指出台灣媒體的墮落：一是抹黑台灣民主，二是美化大陸專制。而根據台灣情報部門確切的消息，台灣至少有十七家媒體暗中接受中國政府的資助。焦國標在04年因為發表「討伐中宣部」而成為異議人士。為了表達對中國新聞自由的關注和關心，歐美澳日韓等民主國家駐北京的媒體都採訪了焦國標，唯獨缺台灣駐北京的記者。焦國標說：「台灣媒體墮落到讓中國人民寒心。」

目前台灣每天得花許多精力在媒體三不五時「爆料」的內耗中。

〈4〉第二個盧武鉉——馬英九？

我個人認為，如果馬英九或國民黨其他候選人當選下一任總統，大概會成為第二個盧武鉉。說起韓國總統盧武鉉，他不但是左派，還高舉南北韓統一，親中、反美又反日。

馬英九也是，促統親中，另一方面也反美反日。正是第二個盧武鉉。

但是馬英九有幾個弱點。第一是他的經歷。馬英九是職業學生，在就讀哈佛大學時還當國民黨的特務。哈大出身的學友曾指證歷歷的告發，卻被

台灣媒體辯稱是「愛國行為」，反而成為英雄。再來，他的博士論文和釣魚台有關，也是70年代保釣運動的主要人物之一。他也曾在1986年由正中書局出版『從新海洋法論釣魚台列島與東海劃界問題』，是對日強硬派的反日鬥士。

因此，如果馬英九成為台灣的下一任總統，台灣的對日政策將會急轉直下。馬英九會採取的反日政策大概與盧武鉉差不了多少。

問題是，若馬英九當上了總統，中國就能統一台灣了嗎？那倒也不一定。一直採取親北政策的盧武鉉也還是沒能促成南北韓統一。這是盧武鉉政權的極限。

馬英九的政策是否能成功，得看美國是否支持。以美國現在對台灣的影響力來看，馬英九要「走自己的路」幾乎不可能。因此馬英九能和美國同調到什麼地步，能將「自己的路線」擴展到什麼地步，是今後的焦點。

當然，中國巴不得台灣能出現第二個盧武鉉；也巴不得台灣漸成反日、侮日、仇日的國家。這樣一來，從北到西、南的第一環反日包圍網就算完成了。

目前的「美日同盟」對中國來說是無法跨越的

「銅牆鐵壁」。但是如果能培養「台灣的盧武鉉」，接下來在東南亞各地培養「菲律賓的盧武鉉」、「印尼的盧武鉉」、「越南的盧武鉉」、「泰國的盧武鉉」、「緬甸的盧武鉉」……，那麼中國就不用再怕美日的圍堵及封鎖；如果再能培養「日本的盧武鉉」，那麼就算實現了中國「東亞共同體」的野望。

　　台灣的藍綠對立現在正風起雲湧，方興未艾。2008年的總統選舉，任何人都沒有絕對勝算的把握。因為壓倒性的勝利幾乎不可能。所以不論任何人執政，都可能帶來統獨對立的激化。

〈5〉「中國威脅論」將成世界的共識

　　日本民主黨前主席於在任期間的2005年12月8日在美國戰略國際問題研究所（CSIS）演講時，提到了「中國威脅論」，東京都知事石原慎太郎在同月22日的定期記者會上也說：「感受不到中國威脅的人的神經不是普通的大條」，除了肯定前原氏的發言，並且點名批判否定「中國威脅論」的民主黨秘書長鳩山由紀夫。

　　在不到一個月的時間內，日本兩位閣員：外相麻生太郎（05/12/22）及農水相中川昭一（06/1/18）都表

示了「中國威脅」的相同看法。

不僅台灣，美國及俄羅斯、印度、越南等與中國相鄰的國家，長久以來便對中國「心存警戒」。如今，日本也總算注意到了中國的威脅。

過去，日本人對「中國的威脅」頂多只能聯想到「人口」、「環境污染」及「經濟規模」，好不容易日本開始注意到了中國不透明且無邊無際的軍擴可能帶來的威脅。

2005年夏天，日本的『防衛白皮書』曾就中國的軍事動向指出「超過了防衛的範圍，今後有必要注意其動向」。雖然日本的『防衛白皮書』避開指明「中國是威脅」，但從同年年底各朝野黨政重要人物的發言來看，軍事上的「中國威脅論」已經是日本朝野的共識。

日本的中國軍事研究家平松茂雄教授在同年12月23日產經新聞的『正論』中指出了前原誠司的「中國威脅論」中沒有提到台灣的重要性，令人扼腕。平松教授認為，台灣不但是日本的生命線，而且中國的「下一場戰爭」肯定和台灣有關。

自90年代以來，各國學者專家便陸陸續續提出「中國威脅論」。對此，中國政府一定會暴跳如雷地否認，說這是「企圖妖魔化中國的陰謀」，然後

動員各御用學者專家澄清漂白。

譬如，如果有人說中國的軍擴過於快速，中國就會一面罵美帝「獨霸世界」、「企圖阻撓中國強盛起來」，一面又誣賴「日本一個禮拜就可以生產好幾千發核子彈」，接著宣傳「日本威脅論」。

中國政府所發表的2005年軍事費用為299億美金。但是根據美國國防部在05年7月19日所發表的中國軍事力報告中，指出中國的軍事費約為「900億美金，世界排名第3，亞洲第1」。

隔天，中國外交次官楊潔虎立刻反駁美國「粗暴地干涉中國的內政」。

針對日本民主黨的前原誠司代表（相當於主席）在美國表示對中國的軍事力「感到威脅」，中國外交部發言人秦剛也立即在13日的記者會上反駁說：「中國人民自古愛好和平，我們從來沒有侵略過別的國家，沒有在別國領土上殺人放火過。」（『每日新聞』）

中國睜眼說瞎話莫過於此，西藏、東土耳其斯坦在中華人民共和國成立之前都是獨立國家，之後不但被中國侵略併吞，更面臨文化喪失、民族淨化的危機。

此外，過去半個世紀中，中國還打過中越戰爭（1979），中印戰爭（1959），朝鮮戰爭（1950），還有

中俄國境紛爭（1969）。

　　不只中華人民共和國侵略他國，中國歷代王朝也是如此，秦始皇征服六國，漢武帝征服四夷⋯⋯。簡單說，中華帝國的版圖擴大史就是一本血淋淋的對外侵略史。癥結是中國版圖擴大是「武功高強」，其他人都是「侵略主義」！

　　美國對中國的看法擺盪於「中國威脅論」及「對中友好論」之間，其代表可舉老布希時代美國國家安全顧問史考克羅（Brent Scowcroft）及錢尼副總統的國安顧問、普林斯頓大學政治與國際事務教授阿隆・佛瑞柏格（Aaron Friedberg）。

　　史考克羅認為「越把中國當敵人，中國便真的成為美國的敵人」，「中國忙自己國內的問題就忙不完了」，「幫助中國，使其對世界也能有所貢獻」，並且認為「加強（美日）同盟將引起中國誤會」。

　　而佛瑞柏格教授則認為「獨裁中國擁有越多資源便會帶來越多的問題」，「中國想要透過東亞高峰會議排除美國在亞洲的勢力」，並且指出「幫助中國很容易，但是要阻止其帶來的威脅卻不容易」，因而認為要「加強美日關係」。

　　聯邦眾議員羅拉巴克（Dana Rohrabacher）在2006年2月的眾議院國際關係委員會中，指出中國過度

軍擴、對基督徒的迫害、侵犯智慧財產權、擴散核子武器、脅迫日本，並且想要「建立世界的霸權」，「美國應該儘快抑止中華帝國誇大的妄想」。同時哈佛大學東亞大學研究所研究員德利魯也作證說：「中國想要利用東亞共同體將美國排除在外，並且意圖要讓日本聽中國的。」

美國國防部於2006年2月3日發佈「四年期國防總檢報告」(Quadrennial Defense Review, QDR)，雖然有意淡化「中國威脅論」的論調，但是仍指中國為「站在戰略十字路口的國家」；並且認為解放軍近年來軍事發展的速度及規模已經破壞了區域性的平衡。

報告指出，在美軍11群航空母艦中，太平洋地區至少要部署6群航空母艦，及海軍60%的潛艦。

擁有美國最先端導彈防禦系統的神盾巡洋艦「夏洛」(滿載排水量9950噸)，於2006年8月29日駐防日本神奈川橫須賀港美軍基地。「夏洛」搭載可攔擊導彈的SM3防禦系統，同時還可監視及追蹤導彈。

針對這份報告，『人民日報』譴責「美國渲染中國軍事威脅論，是對中國內政的干涉」，並且老調重彈「中國堅定走和平發展的路線」，而且「過去和現在沒有，將來也不會對任何國家構成威脅」。在沿岸以八百枚導彈瞄準台灣、核子潛艦多次侵入

日本領海作海底調查的中國沒有對任何國家構成威脅，是睜眼說瞎話。

無視於中國的抗議，在QDR發表後不久，美國海軍太平洋司令拉法葉司令官便宣佈在太平洋動員四艘航空母艦實施「軍事演習」。7月和日本、韓國、加拿大、澳洲、智利實施環太平洋合同演習；8月也在東岸舉行航空母艦攻擊軍事演習。

中國為了保衛其社會主義體制，其所設定的最大敵人當然是美國。中國目前構想的中美對決是「美日VS中俄」。

中國也曾想過和日本結成「協約」或「同盟」以對抗美國。但是不論就歷史或中國的國家利益來看，兩國的同盟幾乎不能。中國人原來就有近鄰相惡的DNA，傳統的遠交近攻、合縱連橫的印象也都還刻在記憶中，因此改善對日關係，是遺傳因子上不可能的事。

2005年的東亞高峰會，中國意圖排除美國勢力；美國雖然沒有參加東亞高峰會，但卻折衝了澳洲、紐西蘭、印度的參加。澳紐印的參加削弱了中國在該會的影響力。對於東協各國來說，中國和美國都是威脅。但是兩者相比起來，住在隔壁的惡霸總是比住在對岸的無賴來得可怕。何況東亞各國本

身就有根深蒂固的反華意識。

中國近年來也試圖改善中印關係。但是兩國可資友好的條件太少，頂多是中國生產的硬體配上印度發展的軟體。

另一方面，蘇聯解體之後，俄國安分了一段時間。近來政經各方面開始好轉的俄國開始有了自信。由於民族主義的抬頭，對美協調路線漸漸失色。原來險惡的中俄關係，這時便親密了起來。一方面中國需要俄國的石油、天然氣，也需要俄國生產的高科技兵器。反過來說，中國也剛好解決了俄國兵器工業不景氣的問題，並且成為俄國石油、天然氣的大客戶。因此俄國也積極參與了中國主導的上海合作機構及東亞高峰會（觀察會員）。

對其他鄰國，中國一改過去的強硬態度，而在領土問題上對俄、越、印等讓步，中國無非是想要在領土問題上對鄰國作人情，以確立自己在亞洲霸主的地位。

總而言之，不論中國如何強調「和平崛起」，不斷軍擴所帶來的「軍事威脅論」已成為世界的共識也是不爭的事實。美中新冷戰已經開始。今後中國對台的冒險行為，隨時都會帶來美國對台政策的修正。

第十章

21世紀台灣的
生存條件及歷史課題

〈1〉歷史幾何學

　　日本京都大學人類學者梅棹忠夫教授，曾以文明生態史觀的史學方法，將歐亞大陸南北縱走的沙漠乾燥地帶做爲南北縱軸，用來分析東部的中國、印度與西部的俄國、土耳其四大帝國的文明生態，指出這四大文明在歷史性格上有幾何學式的對稱性與類似性，而稱之爲「歷史幾何學」。

　　爲了分析台灣與中國的關係，筆者仿效梅棹教授的史學方法，在本章中以古代的迦太基VS羅馬、中世的威尼斯VS拜占庭、土耳其帝國的歷史性對立與並存關係，來觀察迷你的通商國家VS軍

247

事大國的歷史關係，以之探討台灣VS中國的對立與並存關係的類似性。又以斯里蘭卡VS印度的關係來考究海島文化與大陸文化的相剋與共存關係，用來探討台灣VS中國的歷史關係。筆者自稱之爲「台灣的歷史幾何學」。

梅棹教授共時性的歷史幾何學分析，提供了筆者通時性的台灣歷史幾何學的史觀。

台灣隔著海峽位於東亞大陸的東南邊緣。比起朝鮮半島與中南半島，較不容易直接受到大陸的政治與文化的影響，所以大陸的文化移殖與受容也較遲。由於這一地理上的因素，台灣帶有強烈海島文化的特徵。

特別是從西歐文明東漸以後，由於地理政治學上的關係，較早接受異質的文化。後來又受到日本島國文化的直接影響，中華文化的色彩被洗刷而沖淡。但數百年來台灣與中國之間所衍生的對立與統合的基本原理與現象，常常有形無形的潛伏在台灣這一獨自歷史發展的特質上。

若從世界史的視點來探討，台灣和中國的對立與並存關係在歷史性格上和古代的迦太基與羅馬的關係有幾分類似性。海洋國家VS大陸國家、迷你通商國家VS超級軍事大國的對立本質，並不因時

空不同而有太大的差異。

紀元前813年前後，腓尼基人在今突尼斯東北10英哩的半島尖端建設了腓尼基人最大的殖民都市迦太基。

至紀元前3世紀，迦太基成為地中海中最富有的國家。也就是說，以一個人口不及高雄市半數的小小都市國家，發展成為一個大海洋通商帝國。

希臘人進出海外後，大都占領地中海北岸，而迦太基人則占領了南岸，平分勢力範圍。

迦太基商人和希臘商人不同，他們專門以販賣廉價品來擴大市場。比起專門推銷高級品的希臘人，迦太基人專向文化程度較低的民族推銷便宜貨。正如亞洲諸國的商人專賣「價廉物美」的次級品來和日本高級品競爭一樣。

迦太基人和希臘人最大的不同，在於迦太基人雖然富極天下，可是只顧著賺錢，並未創造出新的文化。而希臘人不但富有商才，且將致富的目的放在創造文化上。

迦太基雖是地中海諸國中最富有的國家，在政治上卻非一流的國家，它是經濟大國，不是政治大國。日本由於國際市場上無法避免和歐美各先進國發生正面衝突，甚受歐美的警戒與打擊。而迦太基

人卻是默默地在大國背後大撈一筆。這一點和台灣不無類似之處。

迦太基的繁榮受到日漸抬頭的羅馬市民的嫉妒，從垂涎而成為眼中釘。羅馬人一直想要「統一」迦太基，此點何異於中國人一直想要「統一」台灣。

本來通商國家的迦太基人對政治並沒有多大興趣，也不信任政治權力，這點和台灣人大同小異。但也由於迦太基人在地中海的勢力過份擴大，最後，依照盛極必衰的原理，開始沒落。

迦太基的敗亡是在第三次波也尼戰爭之後。迦太基的敗亡對羅馬人來說是一大歷史的轉捩點。不斷征戰使得羅馬食髓知味。羅馬雖然更富強，卻也更加腐化。

死敵迦太基的潰滅，使羅馬的市民階級失去了共同的外敵，也失去了防止內部階級分解的保險栓子，而帶來了內部分裂與自取衰亡。

今日台灣和中國的對立關係，從資本主義VS社會主義，或從台灣民族主義VS中華民族主義的側面看是異質的，但以通商國家VS軍事國家的側面看來，與迦太基VS羅馬的對立有歷史的類似性。

對中國來說，敵對者台灣的存在是必要的，特別是對剛建國不久的中國政府來說，敵人的存在是必要的。中國和台灣的敵對關係，可以提供已經失去自淨作用的中國社會產生不斷的緊張與活力，來達成革命政權的安定成長，也可以用完成統一的「歷史使命」來減輕內部的不安，緩和不斷的內訌。

台灣民族主義運動的興起，從中華思想的立場來看雖屬異端，卻提供了對中華思想的懷疑與反省的反命題，也是歷史發展的原動力。

威尼斯共和國是一個比香港、新加坡更小的都市國家。它的根據地利亞多島只是3公里長、1至2公里寬的人工島。威尼斯的歷史自西羅馬帝國末期的5世紀前後開始，正是中國魏晉南北朝的時代。

威尼斯共和國在地中海世界確立海洋國家地位，是在開基4百年後的11世紀，而台灣人開始成為工業中進國而有了自信，想要建立一個新而獨立的國家，也是在入殖台灣4百年後的20世紀末。

威尼斯人到12世紀已成為亞得里亞海的一大新興勢力。13世紀以後的2百年間成為地中海最大的海洋國家。這是人類史上以最小的國土與人口所建立的最大通商帝國。

威尼斯盛極之時，從東方出現了一個可怕的競爭對手，那就是近世的世界超級強國鄂圖曼土耳其帝國。

要以一個小小的都市國家來對抗當時橫跨歐、亞、非三大陸的世界最強大的軍事大國而平分天下，威尼斯商人的算盤算出，以繳付年貢來換取土耳其帝國境內的商業自由活動的特權，最符合各取所需的經濟原理。

和文明古國拜占庭不同的是，土耳其帝國基本上是一個軍事國家，與東方自命老大的中國很類似，並且帶有強烈的土耳其式的「中華思想」，經常自命不凡，又自認為是舉世無雙的強國。無論什麼芝麻小事，動不動就揚言要打架動武，很難按照合理性的經濟行動或計算來交往。所以威尼斯人不得不以年貢來逢迎土耳其，以安撫土耳其武夫的自尊心，換取自由交易的安全保障。

通商國家的弱點也就在此。不管本國的社會如何安定，經濟如何繁榮，經常由於對方的自家事，而直接間接地受到影響及打擊。

1866年10月21、22日，威尼斯舉行了住民自決投票，決定是否要和義大利合併。贊成64萬1千7百88票，反對65票，多數同意和義大利合併。

威尼斯人自從決定和義大利王國合併以後，便失去了千數百年來獨立國家的自主性。義大利政府在財政上經常自身難保，毫無餘力顧及威尼斯的困境。事實上，比威尼斯更窮極潦倒的義大利政府只計較稅金的徵收，並無支援地方政府的能力。

　　威尼斯因為失去國家主權而失去獨立自主性，終於在自願和義大利合併後，墜入了中央集權國家的陷阱，搖身一變成為僅供觀光兼憑弔以往光輝燦爛歷史的水上巨型博物館，又隨著地盤的沈陷，日漸走向沒落的命運。

　　通商國家生存之道，必須經常隨著時代與環境的變化而變化，絕對不能墨守成規。當對應變化的能力衰退而出現墨守傳統的現象時，很難避免衰亡的命運。所以通商國家的性格基本上是進取的、反傳統的，決不以先例為例，不斷的創新，不斷的向前看。

　　如果威尼斯不是獨立自主的國家，而只是拜占庭帝國、神聖羅馬帝國或土耳其帝國「神聖不可分的」一部分，那麼這個人類史上最民主的共和國之一的威尼斯就不可能會有「獨自的歷史」發展，也不會有連續千年以上的自由與繁榮。威尼斯人透過最民主的住民自決的手段替自己及子孫選擇了自殺

之路。

國土雖小，只要有獨立自主性與創造性，無時無地都比大國更有發展與繁榮的可能性。威尼斯獨自的歷史發展也正是威尼斯人創造性的根源。

威尼斯的興亡對台灣人來說是一副歷史的借鏡。

◆從台灣VS中國看斯里蘭卡VS印度

斯里蘭卡（舊名錫蘭）面積約有6萬5611平方公里，人口19,905,165人（04年）。土地面積比台灣大約一倍，人口略少。位在東印度洋的斯里蘭卡島和在西太平洋的台灣島，地理位置雖然有些差異，可是在歷史上或地理政治學上卻有不少類似的地方。斯里蘭卡之於印度，尤如台灣之於中國，在歷史幾何學上是對稱的存在。

斯里蘭卡隔著普克海峽，位於印度東南海上，尤如台灣隔著台灣海峽，位於中國大陸的東南海上。台灣海峽兩岸相隔大約180公里，可是普克海峽最窄的地方僅35公里，且沒有波濤洶湧的烏水溝，與印度大陸只隔著淺海相對。在地理學上，斯里蘭卡比台灣更易接容大陸的先進文化，所以比台灣更早接受大陸文化的薰育，自然地，歷史也比台

灣更悠久。海南島比台灣更早攝取中華文明，也是因爲地理位置比台灣更接近中國大陸之故。

有如台灣是中華文化流出的積水池，斯里蘭卡也是印度文化流出的積水池。所以在印度大陸早已流失的佛教文化，至今還牢固地積存在斯里蘭卡，成爲斯里蘭卡的國教。

斯里蘭卡被稱爲「亞洲的瑞士」。它自英國的殖民統治獨立之後，也模仿瑞士的國策，採取中立政策。台灣人也經常以「東方的瑞士」爲理想國家模式，希望建設一個「新而獨立」的國家。這也是經常遭受外來的威脅，而在不斷的外來政治壓力中所生成的海島住民的共同願望。這是自西歐文明東漸以來，在新的外來文化影響下所激發的海島民族主義。

台灣和斯里蘭卡一樣，被外來政權輪流統治了3、4百年。可是斯里蘭卡自第二次大戰後，便「出頭天」結束了亞洲最長紀錄的450年的外來殖民統治。

斯里蘭卡人的祖先雖然也來自大陸，卻能掙脫「祖先」的符咒而獨立建國。

斯里蘭卡人雖然和印度人與巴基斯坦人有共同的祖先，可是斯里蘭卡卻有獨立的國格與人格而屹

立於國際社會。大陸的印度人或巴基斯坦人並不因此而罵斯里蘭卡人「背祖」或「數典忘祖」，或說什麼「神聖不可分的一部分」，也聽不到來自大陸的「統一」或「一國兩制」的吶喊。當然也不必跟著統治者空喊「反攻大陸」，或被迫跟人同床異夢，甚至作沒有希望的夢。

這是因為：雖然斯里蘭卡文化是印度文化不可分的一部分，但是做為一個近代國家，沒有什麼是不可分的。這些正是籠罩在大中華思想影響下的台灣與斯里蘭卡不同的地方。

〈2〉確定長期世界戰略

台灣不但不是中國不可分的領土，而且歷史上台灣和中國一直處於對立的關係。中國人好不容易才知道台灣存在是台灣成為倭寇根據地的15世紀。當時中國實施海禁政策，台灣當然是圍剿的對象。1603年沈有容率領明朝的艦隊攻擊以台灣為據點的倭寇。同時代的陳學伊說：「假令不有沈將軍今日之巨功，吾泉人（福建省泉州人）猶未知有所謂東番（台灣）也。」隨軍的陳第之後也寫了『東番記』，書中稱台灣人為「東番夷人」，可見當時台灣並不

是明朝的領土。

到了清乾隆初期，福建巡撫陳大受說台灣「不過為日本、荷蘭停泊互市之地」。清人徐珂在『清稗類鈔選錄』中寫道：「台灣自古不通內地，名曰東番。明天啓中，荷蘭人居之，屬日本。」

起先，荷蘭人入殖台灣。為了澎湖群島的領有權，荷蘭和明朝對立。明朝說澎湖是明朝的，但既然荷蘭那麼需要貿易據點，便建議荷蘭領有台灣。於是兩國協議，荷蘭可以在明朝沿岸作生意，而明朝可以和台灣及瓜哇交易。

之後，末代倭寇頭目鄭成功逃亡來台灣，在台灣建立反清復明的鄭家王朝，和清朝勢不兩立。鄭家的東寧王國維持不到三代便亡於清。之後，清朝斷斷續續對台灣實施海禁，也就是禁止清人渡海到台灣，如果有人偷渡，清朝便強制遷返。一直到日本領有台灣的十年前，清朝才解除對台灣的海禁。

清治下的台灣，「三年一小反，五年一大亂」。清日戰爭結束後，根據馬關條約，台灣永久割讓給日本，成為日本的一部分。可見在這個時代，台灣不但不是中國「不可分割」的領土，而且再度處於和中國敵對的狀態。

第二次世界大戰結束後，代表聯合國軍隊的蔣

介石國民黨軍占領台灣，不但賴著不走，之後，在中國國內失去政權，逃到台灣。這時「中華民國」和「中華人民共和國」不僅是「對立」，蔣介石還說「漢賊不兩立」。

總而言之，不論荷蘭人、鄭成功、日本帝國、中華民國，都是中國的敵對政權，絕非什麼「神聖不可分的領土」。而台灣的繁榮也是奠定在與中國沒有關係的荷蘭時代及日本時代。

〈3〉對抗中國封殺台灣的國際戰略

中國正處心積慮想要封殺台灣在國際社會的存在。

2006年8月31日『產經新聞』報導1969年日本前首相岸信介曾經秘密訪問台灣，試圖說服蔣介石改「中華民國」國名，以便留在聯合國，而且可以確保台灣的國際地位。當時不僅日本，英國也有此意向。71年英國政府透過駐日大使交涉，寄望日本政府能說服蔣介石。岸信介說：「以台灣共和國的名義也沒有關係。」

但是蔣介石一聽到要「退出安理會，成為一般加盟國」，便臉色大變。

要知道的是，中國並不是以「中華人民共和國」的名義加入聯合國。根據第2758號決議文：「承認中華人民共和國政府的代表是中國在聯合國組織的唯一合法代表」，亦即中國在聯合國的國名爲「中華民國」，而「中華人民共和國」政府代表「中華民國」。換句話說，聯合國早就已經認定「中華民國就是中華人民共和國」，或「中華人民共和國就是中華民國」。

台灣雖然從1993年以來每年都申請加入聯合國，但是大會卻從未討論過台灣的議案，原因就在此。台灣要以「中華民國」的名義加入聯合國是絕對不可能的，因爲根據此決議文，「中華民國」只有一個，而其代表權屬於「中華人民共和國」。

陳水扁總統2006年宣佈不再以「中華民國」名義，而要以「台灣」的名義加入聯合國。到底有沒有可能以台灣的名義加入聯合國，目前還很難說，但試試又何妨。

聯合國對於新加盟國家有許多限制，重點在於是否能證明爲主權國家。

中國想盡辦法要把台灣趕出國際社會。目前國際最知名的組織便是奧運及WHO（世界衛生組織）。奧會中有「中國奧運委員會」，而台灣則是以「Chinese Taipei」的名稱參加。

　　談到台灣加入國際組織，最熱門的話題便是WHO。SARS爆發時，由於台灣被摒除在WHO之外，無法獲得資訊及援助，成為話題焦點。台灣當然希望加入WHO，也每年申請以觀察員身份參加世界衛生大會。儘管有美日支持，但是中國大言不慚地說「中國會照顧台灣2千3百萬人民的健康」，反對到底。

　　中國不但想盡辦法封殺台灣在國際社會的生存空間，另一方面也大力宣傳「台灣是中國不可分的領土」，甚至還搬出『台灣白皮書』來背書。

　　儘管中國用盡心機，但近年來同意「台灣是中國一部分」的國際輿論已經越來越少。過去中國剛加入聯合國時，「一個中國」、「兩個中國」的議題確實常常被提起及討論，但是近來以「一個中國一個台灣」、「台灣中國一邊一國」的觀點來看台灣問題已經是國際趨勢。也只有「一個中國一個台灣」，才能使台灣在加入國際社會時有理論的根據，可以替台灣打開一條生路。

　　戰前，台灣知名的小說家吳濁流著有『亞細亞的孤兒』。『亞細亞的孤兒』的原文是日文。吳濁流先以日文寫作，戰後才被翻譯成中文。戰前，台

灣自稱是「亞細亞的孤兒」，戰後六十年，台灣竟然變成名副其實的「世界孤兒」。

其實不論日本或中國，都不甚了解台灣及台灣4百年來的苦難。如果連日本和中國都不懂，那麼要讓世界其他各國了解台灣，那就更是難上加難了。

台灣有必要加強宣傳自己的存在，讓世界了解台灣的困難，以對抗中國封殺台灣的戰略。

〈4〉作好台中一戰的準備

中國的「下一戰」，應該會和台灣有關。如果文攻武嚇都沒有效，那麼中國很有可能鋌而走險。因為台灣是中國窺伺亞洲、太平洋霸權所不能或缺的橋頭堡。

當然，對中國來說，如果能「和平解決」是再好不過了。從上世紀的兩次世界大戰中，各國都學習到了大國對決必須付出極大的代價，因此被稱為第三次世界大戰的美蘇對決，打的就不是「熱戰」而是「冷戰」。

尤其，中國也明白做為近代國家的基礎還不穩固，國內社會的矛盾又多，就算和台灣一戰獲得勝

利,政權卻經不起社會、經濟的代價,最後亡黨亡國同歸於盡的可能性非常大。

因此,在最後不得已的選擇之前,除了在國際社會孤立台灣,制定合法侵略台灣的藉口:「反國家分裂法」,試圖合法侵略台灣,另一面一再恫嚇美日,表示戰爭的意志,再來扶植台灣國內中國出身勢力的國民黨及親民黨,令其反對政府購買防衛台灣所不能欠缺的國防武器,並且在台灣國內興風作浪,以準備在2008年奪回政權後,扶植傀儡政權,做為「併吞台灣」、「整頓環境」的第一步。

中國當初建國的目標是「世界革命,解放人類」。經過了半個世紀,大家心裡都明白,「解放人類」是痴人說夢,所以中國又放聲「和平解放台灣」。但是台灣偏偏又不吃中國那一套,不論中國軟硬兼施、恐嚇要打、要「一國兩制」,台灣的民意已離中國越來越遠。

中國國防預算連續18年以十位數字成長,顯然是要在台海戰爭中佔絕對優勢,以便一旦戰爭爆發,便能扳倒台灣,獲得壓倒性的勝利。

問題是,中國會在傾全國之力舉辦北京奧運及2010年上海萬國博覽會之前開打嗎?就算一舉取得台灣,中國在國際社會的形象也會嚴重受挫,其程

度絕非天安門事件所可比擬。

　　儘管中國領導人一再宣稱「不惜任何代價」，但好不容易才改革開放的一般市井小民也肯「不惜任何代價」嗎？共產黨真願意和台灣同歸於盡嗎？

◆中國軍的八個弱點與三項威脅

　　2006年8月出版的日本知名半月刊『SAPIO』以長達25頁的篇幅專題報導「2009年日中戰爭爆發」的可能性及其可能帶來的衝擊。其中日本退役海軍將領、「川村純彥研究所」所長川村純彥點出中國軍隊的8項弱點與3項威脅。

一、統合作戰能力。中國若要以武力統一台灣，除了要用飛彈、戰鬥機、轟炸機確保制空權，還得用海軍運送陸軍登陸台灣。同時，還得和前來支援台灣的美軍應戰。由此可知，一旦台海有事，需要大規模的統合作戰。但是中國缺乏大規模統合作戰的能力及經驗，也沒有足夠的訓練。因此在經驗、知識、方法、能力都不足的現狀來看，中國要以武力統一台灣還不可能。

二、遠洋的持續作戰力。要維持遠洋作戰，便
　　需要有航空母艦，以保持航空優勢。但
　　中國沒有航空母艦。近年來，中國持續
　　研發航空母艦，但目前在自行建造上有
　　經濟及技術的困難。反觀美國維持航空
　　母艦所需要的費用便超過日本一年的國
　　家總預算。

三、遠洋的對空、反艦、反潛能力。要使海軍
　　能安全地在遠洋部署，遠洋上的對空、
　　反艦、反潛能力便非常重要，但中國海
　　軍缺乏探知敵方潛艦施以正確攻擊的能
　　力，這也是目前中國海軍的致命點。如
　　果無法探知敵軍動向，又無力正確地還
　　擊，一旦在海上遭到敵軍組織性的攻擊
　　時，中國艦隊便難逃全軍覆沒的命運。

四、潛艦的性能。2004年11月，中國漢級的核
　　子潛艦曾入侵日本領海，但是潛艦剛出
　　青島海軍基地，便被美軍偵測到，並且
　　開始追蹤，日本海上自衛隊的反潛機更
　　是沿途監視。由這個事實可知，中國的
　　核能潛艦聲音太大，容易被探知。柴電
　　潛艦雖然聲音比較小，卻必須在一定的

時間內浮出水面，容易被偵測到。因此柴電潛艦要在遠洋作戰極爲困難。

五、掃雷能力。水上的掃雷能力除了確保海軍的安全，也可以避免海上交通被切斷，經濟、運輸受到打擊。目前中國海軍的掃雷能力並不充分，一旦海上交通被切斷，經濟、運輸便會受到嚴重的打擊。

六、後方支援能力。要實行大規模的長期戰鬥計劃，最重要的是有連綿不絕的後援。中國直到04年才創設了陸海空三軍統合支援部隊，支援作戰的經驗不足。另外，中國高科技的軍事技術大都仰賴俄國、以色列、法國及德國，零件補給、維修技術都還不成熟，如果遇上故障，更是耗費時間。

七、航空能力。中國海空軍有兩千三百架軍機，但多數是骨董。戰力較佳的蘇愷27SK與30MKK只有兩百二十架，其性能都劣於日本航空自衛隊200架的F-15。另外，AWACS（早期警戒管制機）及空中加油機的數量也都不夠。如在東海與日本進行制空權爭奪戰，「日本將獲壓倒性勝利」。

八、飛彈能力。中國對準台灣的八百枚飛彈，彈頭彈藥規模總計約四百噸。以科索沃戰爭為例，前南斯拉夫大約遭到兩萬三千枚炸彈與三百多枚飛彈的攻擊，所承受的彈藥量約一萬兩千噸，最後還是沒有投降，這是人民抗壓的意志。因此，只要台灣人民不喪失抵抗的堅定意志，不屈服於中國的威脅，「中國只用飛彈要征服台灣是不可能的」。

但是也千萬不可輕忽中國正以極快的速度進行軍事現代化，在不久的將來便會有以下三項威脅：

一、中國預計會在2010年配備TBM（戰區彈道飛彈）。TBM不但可以從衛星截取敵艦位置，還能指引飛彈命中目標。中國如果能開發成功，不僅是創舉，也會對美日造成極大的威脅。

二、中國對2005年中俄合同軍演中的俄國空軍Tu-22M3逆火式轟炸機表示高度的興趣。Tu-22M3的飛行速度是音速的兩倍，行動範圍半徑700公里。中國目前正在和俄國

交涉中，如果中國空軍配備了Tu-22M3，
不要說台灣，連日本都在其攻擊範圍
內。

三、航空母艦。如先前所述，中國海軍要成
為外洋海軍，所不可欠缺的就是航空母
艦。因此中國若能自行開發或導入航空
母艦，便能克服目前外洋作戰的弱點。

〈5〉建立台灣主體意識

◆台灣並不是芝麻小國

周恩來曾經嘲笑台灣只是個小島，不可能獨
立。這說明了中國人「大國主義」的國家觀。在中
國人眼中，「小國」好似不是「國家」。這不但是對
近現代國家歷史發展的無知，也沒有見識和品格。
中國口口聲聲反帝國主義，反霸權主義，反修正主
義，可是心裡卻又嘲笑人家「小」，嚴重侮辱了第
三世界國家，那些中國最親密的戰友們。

中國的領導人到今天還主張：「因為台灣太
小，如果不成為中國一部分，就會淪為日本及美國
的經濟殖民地。」因而反對台灣獨立。

中國也嘲笑謙稱「蕞爾小國」的日本為「小日

本」。日本當然不比中國大，但是日本絕對不會因此而決定成為中國的一部分。

中國又覺得「小」會淪為帝國的殖民地，這表示中國還停留在19世紀的列強時代思想。如果經濟相互依存就是「經濟殖民地」，那麼現在對外依存率高達70%的中國，不也是美國及日本的「經濟殖民地」？

中國雖是大國，卻有將近1億到2億的盲流。近2百年來，中國人民在飢餓戰亂中苟延殘喘，並且想盡辦法逃離中國。他們走路、坐船、偷渡、跳機等，冒著生命危險，躲在暗不見日的船艙底層，目的只想離開這個世界第一大國。

日本電視台在橫濱碼頭剛好拍到了正要偷渡上岸的中國難民船。偷渡客一看到有攝影機，便蹍地跪在地下咚咚咚地磕頭，要求放他們「一條生路」，並且表示只要能留在日本，願意「作牛作馬」。這樣的大國，有什麼可以趾高氣昂和驕傲的？

從世界地圖上看台灣，台灣確實非常小。可是若從既成的現代國家次元來看台灣，和其他的國家比較起來，台灣並非芝麻小國。

台灣土地面積有三萬六千平方公里，比起梵諦

崗，至少有七萬倍以上的土地。人口和土地都比歐洲的比利時與阿爾巴尼亞還要大。

現代國家的規模，相差很大。在全世界國土面積1億3580萬平方公里中，超大國所占比例如下：

蘇聯　　　　16.5%

加拿大　　　7.3%

中國　　　　7.0%

美國　　　　6.9%

巴西　　　　6.3%

澳大利亞　　5.7%

以上六大國就佔有了世界國土面積將近50%，亦即，世界有一大半領土被大國所分占。若再扣掉印度（2.4%）、阿根廷（2%）、阿爾及利亞、沙烏地阿拉伯、墨西哥、印尼等十四個國家，世界將近有200個主權國家及領屬的國土面積僅佔全球的36.1%，約3分之1而已。

到底要有多大的國土規模才能成為一個主權國家，並沒有一定的基準。當然聯合國對新加盟國也沒有要有多少人口或多少國土面積的規定。雖然前

此並無人主張國家有所謂「適當的大小」，可是人口超過一億之經濟市場效率不好，也是很多專家的共同見解。甚至有些專家認為：超大國的蘇聯與中國在現實與理想上應分為數個國家。

中國由於國家大，所以內部矛盾也多，國家成長的能力、潛力均被互相抵銷，因此經濟落後，文化更落後。歐洲各國4百年來早已掙脫了羅馬帝國幽靈的糾纏，克服了大國主義的矛盾，樹立了均質的現代國家，所以成為世界西化——近代化的主體。

◆台灣的人口超過47國的總和

從人口數字來看國家的規模，世界各國人口比率非常不平均。世界總人口62億人（2006年2月25日）中，中國、印度、蘇聯、美國、印尼五個人口大國的總人口數就佔了全世界的半數以上，若再加上巴西、日本、孟加拉、巴基斯坦、尼日利亞、墨西哥，則以上11國的總人口數便佔了全世界人口的64%。其他200個左右的國家才佔世界總人口的36%而已。

所以從人口數來看台灣的國家規模，台灣也不是芝麻小國。

若以人口位次計算，台灣在世界二百多國中排

行第41位。西歐先進諸國中，人口比台灣多的僅有德國、義大利、英國、法國、西班牙五個國家而已。

其他荷蘭、葡萄牙、比利時、希臘、瑞典、挪威、芬蘭、丹麥、奧地利、瑞士這些代表歐洲的主要國家，人口都比台灣還少。

北歐三國瑞典、挪威、丹麥，再加上冰島，四國的總人口僅1764萬人，還是比台灣少。

西歐的兩個中立國瑞士、奧地利合起來的總人口，也僅及台灣的4分之3而已。二個比利時、三個瑞士、六個阿爾巴尼亞的人口也不及台灣。

國土面積有台灣二百倍的澳大利亞，人口也只有台灣的4分之3。若再加上紐西蘭，合起來和台灣伯仲。比中國國土面積還要大的世界第二大國加拿大，人口只比台灣多4分之1而已。

若從人口密度看國家適當的居住空間，到底什麼程度才算密集或稀疏？以下各國的人口密度可供參考：

各國人口密度表（人／平方公里）

蘇聯	12人
巴西	16人
美國	26人
墨西哥	26人
印尼	40人
中國	86人
印度	228人
德國	245人
日本	320人
荷蘭	355人
台灣	550人

從以上統計數字看來，台灣人口密度好像偏高，可是依聯合國的統計，人口密度超過1000人的，有以下幾個地方：

澳門	24500人
摩洛哥	18121人
香港	5309人
直布羅陀	5169人
新加坡	4403人

梵諦崗　　　1682人

馬爾他　　　1212人

百慕達　　　1057人

　　世界各國的地理環境與歷史發展各異，人文條件與自然條件也天差地別，所以，社會發展程度相異，人口密度也自然不同。

　　丹麥自治領格陵蘭面積有217萬5600平方公里，約台灣的60倍，可是因為84.3%是凍原，所以人口只有5萬4千多人而已。亞洲北方的蒙古人民共和國，領土面積有156萬6500平方公里，可是人口不足200萬。南方的印尼，國土面積192萬平方公里，人口卻有2億2千多萬人。

　　印尼和蒙古土地面積相差不多，可是印尼人口卻比蒙古多380倍，可見自然環境對國家性格的影響。一般說來，大陸型的、遊牧或農村型的社會人口較少，而海島型、工業型、都市型的地方人口密度較高。台灣屬於後者，人口密度雖高，尚未像中國或印度發生深刻的人口過剩問題，相反的，台灣的高密度人口成為經濟起飛的基礎，也成為旺盛活動力的根源。

海島民族主義的
形成與特質

　　海島文化容易受到周圍大陸外來勢力的影響，也易遭受外力侵入。如地中海的塞浦洛斯或馬爾他島，自有史以來數千年間，不斷地受到希臘、羅馬、伊斯蘭等各大文明的影響與東西方各勢力的支配，好不容易至20世紀60年代以後才達成獨立。

　　海島容易受到外來勢力侵入，所以很容易成為各大文明或文化的積水池，也比大陸更容易接受新的外來文明。海島文化的特質是開放的、進取的，比大陸更容易吸收先進的文化，而融合成為獨自的文化，甚至更進一步綜合各大文明的優點而創出新文化。英國與日本都是海島，所以能比保守的大陸更進一步創出新的技術文明，成為劃時代的一世之雄。雜種文化到處皆呈現其強韌的個性與創造性。

　　民族主義本身所具有的強韌力量，不論是古典

意義的民族主義或近代民族主義，海島國家所具有的民族主義意識的強弱，經常與侵入的外來勢力互為函數關係。這點只要比一比斯里蘭卡與台灣歷史，就知道顯然是一個強烈的對比。

印度文明容許巴基斯坦、孟加拉、尼泊爾、斯里蘭卡等等現代國家的存在，可是中國文明絕不允許多國家的存在，也不允許少數民族的民族自決。因為近代民族主義的存在本身對中國文明來說正是「華化」力量到達限界的象徵，也使中華思想露出了破綻。中華思想和台灣民族主義的對立本質也在此。

影響現代人類生活方式與意識型態最深的有四大文明，至今還繼續支配著世界人類的意識，甚至還在繼續的擴大中，乃儒教化、佛教化、回教化、基督教化四大文明現象。

儒教化，正確來說應該是儒道教化，也是華化現象。它的源流可溯自春秋戰國時代，在秦漢帝國時代確立了基礎，在隋唐帝國時代擴展至東亞，成為東亞世界的原理與雛型。

佛教化現象的擴散比華化時期較早，但大約和華化現象同時向南亞發展擴散。如今日的泰國語，語言上屬於華藏緬泰語系，可是由於受到佛教深刻

的影響，幾乎有80%的泰語是印度佛教用語，抽去佛教梵語，泰語幾乎無法存在。

回教化與以基督教為中心的西化是中世與近世才勃興的新興文化現象，現在還在繼續擴大中，特別是基督教文明是隨著西歐近代民族主義的發展而達成世界規模的擴大。

在地理政治學上，台灣處於華化的邊界與西化東漸的終站，因而成為文明的十字路，是各種文明及文化的堆積場所。

1929年早阪一郎發現了台灣的冰河遺跡。1931年鹿野忠雄實地調查並證實。然而此事卻在戰後遭到國民黨的大中國政策否定，直到90年代末才重新被確認。目前被認定為台灣原住民遺址的人工洞窟，有70個地方，計100餘處，然而這些都只不過是台灣超古代史研究的序章而已。這些洞窟被推定為1萬2千年至8萬年的遺跡。

另外，從舊石器時代晚期的長濱文化及網形文化等遺址來看，可以知道當時台灣正處於南方及北方文化交流的十字路口。

過去一般都以為「台灣原住民來自東南亞」。但是近年來新的證據卻顯示「台灣是南島語族及環太平洋諸民族的原鄉」，「人類從台灣向四方擴散」

的可能。其中著名的有澳洲考古學者貝爾伍德(Peter Bellwood)的研究。在語言學的領域裡,台灣中央研究院歷史語言研究所所長李壬癸教授的研究,及1975年施德樂(Richard Shulter Jr.)和馬爾克(Jeffrey C. Marck),1985年白思樂(Robert Blust)博士也證實了這個學說。1995年師德樂(Stanley Starosta)博士也論證了台南平原是南島語族擴散中心的學說。

台灣做為主權國家、獨立國家、民主國家,都當之無愧。但世界上還是有很多國家沒有認識到這一點。因此,要如何讓世界各國認識台灣是一個主權國家、民主國家、獨立國家,而且誰也無法否定這個事實,則是21世紀台灣的重大課題。

國家圖書館出版品預行編目資料

台灣近未來 / 黃文雄著； -- 初版. -- 台北市：
前衛, 2007[民96]（新國民文庫：7）
288面；17x11.5公分
ISBN 978-957-801-533-3（平裝）

1. 政治 - 台灣 2. 中國研究 3. 國際關係

573.09   96007943

台灣近未來

著　　者　黃文雄
整　　理　陳悅文
責任編輯　番仔火
美術編輯　方野創意：周奇霖
出 版 者　台灣本鋪：前衛出版社
　　　　　11261 台北市關渡立功街79巷9號
　　　　　Tel: 02-28978119　Fax: 02-28930462
　　　　　郵撥帳號：05625551
　　　　　E-mail: a4791@ms15.hinet.net
　　　　　http://www.avanguard.com.tw
　　　　　日本本鋪：黃文雄事務所
　　　　　humiozimu@hotmail.com
　　　　　〒160-0008 日本國東京都新宿區三榮町9番地
　　　　　Tel: 03-33564717　Fax: 03-33554186
出版總監　林文欽　黃文雄
法律顧問　南國春秋法律事務所 林峰正律師
出版日期　2007年6月初版一刷
總 經 銷　紅螞蟻圖書有限公司
　　　　　台北市內湖舊宗路二段121巷28.32號4樓
　　　　　Tel: 02-27953656　Fax: 02-27954100

©Avanguard Publishing House 2007
Printed in Taiwan　ISBN 978-957-801-533-3
定　　價　新台幣250元